«Der stolze Rusein, der langjährige und
eigentliche Gegenstand der Sehnsucht von
Spescha und Hegetschweiler, er
war besiegt! Dank dir, oh Phöbus Apollo!
Dank deiner Huld!»

Rudolf Theodor Simler,
Gründer des Schweizer Alpen-Clubs, 1863

Der Tödi, ein Berg, der sich einprägt:
Farbiger Linolschnitt
von Felix Ortlieb, 1998, 11,5 x 11,5 cm.

Gegenüber dem Vorwort:
Sprung vom Glärnisch. In der Ferne der Tödi,
drohend und lockend zugleich.

Über dem Vorwort:
Farbenspiel. Der Tödi vom Claridenfirn aus,
Postkarte, um 1910.

Doppelseite nach dem Vorwort:
Sackgasse. Der Tödi sperrt das Tal der Linth im Süden.
Linthal mit dem bewaldeten Kilchenstock
und dem Durnachtal mit dem verbauten Bach links.
Rechts die Braunwaldbahn. Neben dem
Tödi links sein «Zwilling», der Bifertenstock,
rechts Gemsfairen und Klausenpass.

Bergmonografien
1 Jungfrau – Zauberberg der Männer
2 Finsteraarhorn – Die einsame Spitze
3 Eiger – Die vertikale Arena
4 Piz Bernina – König der Ostalpen
5 Tödi – Sehnsucht und Traum

© AS Verlag & Buchkonzept AG, 2000
Gestaltung: Heinz von Arx, Zürich
Lektorat: Andres Betschart, Zürich
ISBN 3-905111-49-7

TÖDI
SEHNSUCHT UND TRAUM

Herausgegeben von Emil Zopfi

Mitarbeit:
Hansruedi Gallati, Felix Ortlieb

Texte:
Emil Zopfi, Dres Balmer, Peter Egloff, Ruth Gallati
Steve Nann, Albert Schmidt, Leo Tuor, Christa Zopfi

Historische Texte:
Hans Conrad Escher, Johannes Hegetschweiler, Meinrad Inglin, Ferdinand Keller
Karl Kraus, Hans Morgenthaler, Paul Schafflützel, Rudolf Theodor Simler
Placidus a Spescha, Bernhard Vögeli, Fritz Zopfi, Nelly Zwicky

Fotos:
Felix Ortlieb

BERGMONOGRAFIE
5

Der Traumberg

Vor mehr als vierzig Jahren nahm mich mein Vater mit auf eine Wanderung ins Tödigebiet, von Hütte zu Hütte, von Nord nach Süd. Vor der Grünhornhütte sitzend, erzählte er mir, wie er einmal versucht hatte, den Tödi zu besteigen, allein, ohne Seil und Pickel, in einem verzweifelten Moment seines Lebens. Der Tödi war der Traumberg meines Vaters. Zuhinterst im Tal seiner Jugend erhob sich der gewaltige Klotz, dunkle Felswände, gekrönt vom in der Sonne glitzernden Gipfelgrat, drohend und lockend zugleich. Es war der Berg, von dem er träumte als Arbeiter in den Fabriken in fremden Ländern. In die Heimat zurückgekehrt, vom Schicksal geschlagen, suchte er Trost in den Bergen, versuchte verzweifelt, seinen Traum zu verwirklichen. Er stieg von der Grünhornhütte dem Drahtseil entlang hinab auf den Bifertenfirn, näherte sich der berüchtigten Schneerunse und der gelben Wand. Plötzlich krachte eine Eislawine durch den Schlund hinab, schoss auf ihn zu, trieb ihn zurück zur Hütte. Die Erzählung meines Vaters klang dramatisch.

Wir wanderten weiter, über die Röti und die Alp Ober Sand zur Planurahütte, am nächsten Tag das Russeintal hinab und durch die Val Gliems in die Val Punteglias hinüber. So lernte ich den Berg von allen Seiten kennen, der zwischen dem strengen Tal der Linth und der lateinischen Surselva steht, zwischen Nord und Süd. Ein Massiv, das auf der Wasserscheide unvermittelt sein Gesicht wechselt, vom kalten, eis- und felsstarrenden Antlitz, das es dem Glarnerland zuwendet, zu den warmen Geröllhängen und Alpweiden der Südflanke. Mein Vater erzählte mir auf unserer Wanderung von der Geschichte des Bergs, von den Entdeckern und Erstbesteigern. Und von einem entfernten Verwandten, der kurz zuvor in der Südwestwand zu Tode gestürzt war.

Es waren melancholische Herbsttage, unsere letzte gemeinsame Wanderung in den Bergen, und ich spürte, dass Vater seinen Traum begraben hatte. Aber ich wusste: Irgendwann würde ich den Tödi besteigen. Den Traumberg. Den stolzen Berg. Den schrecklichen Berg. Den schönen Berg. Die grosse Sehnsucht hatte mich ergriffen.

Emil Zopfi

Inhalt

5 Der Traumberg

13 Die grosse Sehnsucht
- 14 Johannes Hegetschweiler
- 23 Pater Placidus a Spescha
  Peter Egloff
- 28 Bernhard Vögeli
- 32 Friedrich von Dürler
- 36 Pater Placi Sigisbert Giger und die Theologen am Tödi
- 38 Der Name Tödi
  Fritz Zopfi

45 Die Zähmung der Festung
- 46 Rudolf Theodor Simler
- 49 Die Sprache der Eroberer
- 50 Die Kontroverse um die erste Besteigung
- 52 Walter Gröbli, Salomon Zweifel und die ersten Skialpinisten
- 58 Die Hütten und ihre Erbauer
- 59 Die Jungfrau mit dem Golde
- 65 Babette Zweifel-Aebli, die erste Hüttenwärtin am Tödi

71 Vom Tod der Traum
- 72 Hugo Wislicenus
- 74 Nelly Zwicky und die ersten Frauen am Berg
- 78 Meinrad Melchior Inglin
- 83 Hans Morgenthaler
- 89 Karl Kraus und Sidonie Nádherný von Borutin
  Dres Balmer

97 Die Verlockung des Schönen
- 100 Hans Conrad Escher
- 104 Johann Baptist Isenring
- 109 Albert Heim
- 112 Zur Geologie des Tödi
  Steve Nann
- 117 Albert Bosshard
  Christa Zopfi

123 Letzte Wege
- 124 Paul Schafflützel
- 128 David Schiesser-Zimmermann und die Extremen
- 137 Fritz Zimmermann
- 142 Rund um den Tödi
  Ruth Gallati

148 Auf dem Gipfel. Nach 175 Jahren.
  Leo Tuor

154 Wegspuren am Tödi

156 Trips und Tipps
- 159 Literaturverzeichnis
- 160 Bildnachweis

Abseilen auf 3000 Meter über Meer. Im hochalpinen Klettergarten am Planurafelsen. Im Südosten der Piz Russein, höchster Gipfel des Tödi, davor, über dem Sandpass, die Spitze des Chli Tödi oder Crap Glaruna.

Nächste Doppelseite: Düster und lockend zugleich. Der erste Blick zum Berg beim Aufstieg vom Tierfehd hinter Linthal. Im Taleinschnitt die Alpen Vorder- und Hinter Sand. Der Weg zur Fridolinshütte führt links über Rietlen und Tentiwang. Die Pioniere stiegen jedoch nach rechts zur Alp Ober Sand auf, von dort über das Band der «Röti» und den Ochsenstock unter der Nord- und Nordostwand durch zum Bifertenfirn.

Bündner Tödi und Bifertengletscher. Lithografie von Emil Friedrich Graf, 1880, 24,5 × 18 cm.

> Berge sind Festungen, hart einzunehmen,
> Nur Kunst und Beharrlichkeit kann sie bezehmen.
>
> Pater Placidus a Spescha

Die grosse Sehnsucht

Der Tödi hat zwei Seiten. Schroffe Felswände und Hängegletscher lassen ihn von Norden als unzugänglichen Klotz erscheinen, der den Weg nach Süden versperrt und das Tal der Linth zur Sackgasse macht. Ein Berg, düster und lockend, «von göttlicher Majestät», wie der grosse Alpinist Ludwig Purtscheller schrieb. Von Süden, von der lateinischen Surselva her gesehen, versteckt sich der Gipfel hinter einem Kranz von Gräten und Zacken.

Die zwei Seiten des Massivs haben zwei Schicksale bestimmt: Weder der Entdecker des Aufstiegs von Süden, der Benediktinerpater Placidus a Spescha aus Trun, noch der Erschliesser des Aufstiegs von Norden, der Arzt, Botaniker und Politiker Johannes Hegetschweiler aus Stäfa, haben den Gipfel selber erreicht. Ihre Träume blieben unerfüllt.

Es blieb den zwei Gämsjägern Placi Curschellas und Augustin Bisquolm aus der Surselva vorbehalten, als Erste die Spitze des Massivs, den 3614 Meter hohen Piz Russein, zu betreten. Jedenfalls glauben das die alpinen Historiker, doch eine letzte Gewissheit gibt es nicht. Die Speckschwarte, die die zwei Erstbesteiger am 1. September 1824 auf dem Gipfel zurückliessen, war verrottet, als sich fast vier Jahrzehnte später Rudolf Theodor Simler von Norden auf den Gipfel führen liess und sich anschliessend die Ehre zuschrieb, der Erste auf dem höchsten Punkt gewesen zu sein.

Der Tödi, der von Norden wie eine Pyramide ohne Spitze aussieht, hat drei Gipfel, und das macht seine Geschichte kompliziert. Im Osten des Piz Russein endet der fast horizontale Simlergrat im 28 Meter niedrigeren Glarner Tödi, den die einheimischen Erstbesteiger von Norden bevorzugten, weil man vom Tal aus die Fahnen sehen konnte, die sie schwenkten, «Kobolden gleich», um ihren Erfolg anzuzeigen. Allerdings ist auch diese Besteigung umstritten.

Der felsige Grat, der wie der Bug eines Schiffes von der Sandalp im Norden aufsteigt, gipfelt in der dritten Spitze, dem 3390 Meter hohen Sandgipfel. Vielleicht hatte der Dichter Ludwig Hohl, der in Netstal im Glarnerland seine Jugend verbrachte, den Tödi vor Augen, als er einen Berg so beschrieb: «Und das ganze langgezogene Gebilde dieses Gipfelaufbaus vor den hellen Himmeln hätte vielleicht auch den Eindruck erwecken können von einem sehr grossen Schiff, das nicht in ein Erdenmeer nur, das in die Ewigkeit hineinführe.»

Johannes Hegetschweiler (1789–1839)

«Sehnsucht nach der Welt der Einsamkeit, des Todes und der Wiege des Lebens»

Der Tödi liess ihn nicht los, doch den Gipfel erreichte er nie: der Arzt, Politiker, Naturforscher und Alpinist Johannes Hegetschweiler. Lithografie von J. C. Scheuchzer nach einer Zeichnung von J. J. Schulthess, 1839.

Am 12. August 1822 krachten auf den Bifertenfirn am Tödi Pistolenschüsse. «Die schwache Fortpflanzung des Schalls erregte ein eigenes Gefühl von Leere», schreibt Johannes Hegetschweiler, der sie abgefeuert hatte, «um die Verbreitung des Schalles zu beobachten und an sicherem Orte das Herabstürzen loser Gletscherstücke zu veranlassen». Siebzehn Jahre später machte ein Schuss auf dem Zürcher Münsterhof dem Leben des grossen Arztes, Politikers, Naturforschers und Alpinisten ein Ende.

Johannes Hegetschweiler wuchs als Sohn eines Arztes in Rifferswil im Kanton Zürich auf und besuchte das Gymnasium in Aarau, weil Kinder aus der Landschaft kaum Zugang zu den Lateinschulen in Zürich erhielten. Sein Medizinstudium schloss er 1812 in Tübingen ab. Der Blick von Norden auf die Glarner Alpen, die «dunkle Sehnsucht nach dieser Welt der Einsamkeit und der erhabensten Gesellschaft, des Todes und der Wiege des Lebens, des Schreckens und der herrlichsten Genüsse» ist aus den ersten Sätzen seines Buches «Reisen in den Gebirgsstock zwischen Glarus und Graubünden» herauszulesen, das 1825 bei Orell, Füssli und Compagnie in Zürich erschien.

«Aus dem Staube der baumlosen Fruchtfelder Schwabens und denen des Elsass, in den Ebenen und auf den Hügeln um Basel und von den Vorbergen des Juras im Aargau, ereilt mit Wohlgefallen das forschende Auge die weissbesäumte Mauer der Alpen. Castellähnlich und wie eine verlassene Burg nicht mehr schaffender Naturgeister, schauerlich wie alles, dem der Mensch in Einöden nicht beykommen mag, ragt aus derselben ein grauer Felsencoloss empor, welcher auf der abgerundeten Kuppe seinen ewigen Firn in die Lüfte trägt. Dies ist der Felsenzwilling Russein und Tödi.»

Hegetschweiler war mit Anna Katharina Bodmer, der Tochter eines liberalen Arztes in Stäfa am Zürichsee, verheiratet, hatte die Praxis des Schwiegervaters übernommen und den Berg täglich vor Augen, «unangegangen aber und wenig bekannt trotzte der menschlichen Wissbegierde nicht unterthan der Riese der östlichen Gebirgskette Helvetiens». Im August 1819 wanderte er zu Fuss über Rapperswil, durch das Wägital und das Klöntal nach Glarus, begleitet von einem seiner Knechte, der ihm

Die Spur der Pioniere: Hegetschweilers Aufstiegsroute zum Fuss des Chli Tödi 1819 und sein letzter Versuch 1834. Kolorierter Stich von J. C. Ochsner nach Zeller-Horner, aus Rudolf Theodor Simlers «Schriftchen» zum Tödi von 1863.

als Träger diente und auch mit dem Barometer und der Pflanzenpresse umzugehen wusste – Hegetschweiler war einer der führenden Pflanzenforscher seiner Zeit. Geführt von Johannes Thut steigen sie von Linthal zum Oberstaffel der Sandalp auf, unmittelbar unter der gewaltigen Nordwestwand des Tödi. Thut war ein Vetter des «grossen Thut» aus dem Tierfehd, eines riesenwüchsigen Menschen, der auswanderte und am Hof des Herzogs Karl von Württemberg als «Kammertürke» diente. Auch Johannes Thut muss eine bemerkenswerte Gestalt gewesen sein. «Entschlossen und vorsichtig zugleich, von ungemeiner Stärke und Ausdauer, ehrlich und mit den Gebirgen um Linthal als Gemsjäger und als Senn vertraut.» Thut betätigte sich auch als Naturheiler, man nannte ihn den «Wasserdoktor».

Im August 1819 versuchten Hegetschweiler und Thut, in westlicher Richtung «zwischen dem kleinen und dem grossen Tödi, nahe an den Wänden des letzteren, auf das Schneefeld hinter dem Rusein zu gelangen». Die Routenwahl hinter dem kleinen Tödi durch, dem markanten Felsturm im Westgrat des Bergs, erscheint aus heutiger Sicht nicht logisch. Und wirklich, «je höher wir kamen, desto mehr nahete sich Eisabsatz an Absatz, Klack an Klack». Nach diesem Fehlschlag erkannte Hegetschweiler, dass der Weg über den Bifertenfirn führen müsse, der sich vom Gipfel zuerst nach Süden, dann gegen Osten und Nordosten wie eine Wendeltreppe mit riesigen Stufen herunterzieht.

Ein Jahr später versuchte man zuerst nochmals den Aufstieg von Westen, über den Sandpass, diesmal begleitet von «zwey rüstigen Ausländern, von welchen der eine auf den Schweizergebirgen gar wohl bekannt war». Derselbe liess sich dann hinreissen, auf eigene Faust den kleinen Tödi zu versuchen, begleitet von Thuts Hund «Galepp». Als dieser allein und winselnd wiederkehrte, befürchtete man ein Unglück, doch Thut konnte den tollkühnen Alleingänger herunterholen. Ohne Alpenstock, mit zerrissenen Kleidern und Händen berichtete er, wie ihn ein Felsstück beinahe in die Tiefe gerissen hätte. Anderntags, am 27. August 1820, steigt die Partie östlich über die Röti und den Ochsenstock auf einen Felsgrat am Rand des Bifertenfirns, wo der Botaniker Hegetschweiler eine überraschend vielfältige Pflanzenwelt entdeckt. «Weil rings bereits

In der Politik erfolgreicher als am Tödi: Dietrich Schindler, Glarner Landammann von 1837 bis 1840, begleitete Hegetschweiler 1823 bei seinem vierten Versuch.

Rechte Seite: Johannes Thut, der «Wasserdoktor» aus dem Tierfehd, entdeckte als Führer Hegetschweilers den Schlüssel zum Aufstieg: die gefürchtete Schneerunse rechts vorbei am zweiten Abbruch des Bifertenfirns und am Felsriff der «Gelben Wand» (oben). Abstieg bei guten Verhältnissen durch den unteren Teil der Schneerunse (unten links). Kletterei in der Tödi-Ostwand über dem Grünhorn, das Hegetschweiler das «Grüne Horn» taufte (unten rechts).

alles Leben erstorben, könnte man dieses Horn das grüne nennen.» Der Name hat sich erhalten, am Grünhorn baute der Schweizer Alpen-Club 1863 seine erste Hütte.

Nach kurzer Rast steigen sie auf den Bifertenfirn ab, der in zerschrundeten Gletscherbrüchen treppenartig aufsteigt, «einer grönländischen Wüste gleich». Thut entdeckt schliesslich den Schlüssel zur Überwindung der Schwierigkeiten (Text S. 20): die «Schneerunse», die an den Abbrüchen des Gletschers und dem Felsriff der «Gelben Wand» vorbei auf die «unteren Böden» leitet, wo der Firn flach ausläuft. Ein Schnee- und Hagelsturm bewegt die Partie zur Umkehr. Der Beweis, dass der Tödi von Norden her ersteigbar ist, ist für Hegetschweiler ein schwacher Trost. «Die Hauptsache: Die Ersteigung selbst blieb unvollendet, und was für mich ebenso unangenehm war, sie schien es auch bey ferneren Versuchen zu bleiben.»

So kommt Hegetschweiler auch zwei Jahre später, bei seinem vierten Versuch, nicht höher. Diesmal ist er begleitet von zwei Führern, einem Herrn Von St. Hilaire aus Paris, einem Maler namens Wüst aus Zürich und dem Ratsherrn Dietrich Schindler aus Mollis, einem liberalen Politiker wie Hegetschweiler selber. Schindler wurde nach der Einführung der demokratischen Glarner Kantonsverfassung im Jahr 1837 erster Landammann. «Wir lagerten uns auf einer gegen Felsen und Gletscherbrüche durch überragende Felsen beschützten Steinplatte. Dieselbe schien aus der Wand herausgewachsen, welche sich von hier in erstaunliche Höhe fast senkrecht bis an den Firn auf der Kappe erstreckte.» Diese Felsplatte heisst heute «Hegetschweilerplatte». Trotz guten Wetters verhindern tiefer Neuschnee und ein drohendes Gewitter den Weiterweg.

Hegetschweiler nutzte den Aufenthalt in grosser Höhe für physikalische Versuche zur Erforschung der «Einwirkung der Luft auf den Menschen». Er mass den Anteil von Kohlensäure in der Luft und – mit dem geschilderten Pistolenexperiment – die Ausbreitung des Schalls. Wie allen Pionieren seiner Zeit war ihm der Gipfel nicht das ausschliessliche Ziel, sondern auch die wissenschaftliche Erkenntnis. Als Arzt beobachtete er, dass das Trinken von Gletscherwasser unschädlich sei, obwohl der Führer und «Wasserdoktor» behauptete, dass es «Heiserkeit verursache, den Hals angreife und Veranlassung zu dem Dickwerden desselben geben könne».

Zwölf Jahre später behaupteten «drei Hirten von Linthal», Jakob Ries, Albrecht Stüssi und Jakob Wichser, den Tödi bestiegen zu haben. Man rief Hegetschweiler als Experten herbei, er prüfte die drei und zweifelte an ihrem Erfolg. Um aber «die Probe auf das Exempel» zu machen, vereinbarte er mit den dreien einen Besteigungsversuch, begleitet vom jungen Geologen Arnold Escher von der Linth und von Staatsrat Dr. Steiger aus Luzern. Doch auch der letzte Versuch scheitert.

Inzwischen war Hegetschweiler Zürcher Regierungsrat geworden. Auf Drängen von Freunden hatte er am Ustertag im November 1830 als Vertreter der Zürcher Landschaft eine bemerkenswerte Rede gehalten. Das damals verabschiedete «Memorial von Uster» verschaffte der Landschaft endlich mehr politische Rechte und bildete die Grundlage der demokratischen Kantonsverfassung. Hegetschweilers Auftritt wurde zu seinem Einstieg in die Politik. Er wurde Grossrat, Regierungsrat und Abgeordneter der Zürcher Landschaft an der eidgenössischen Tagsatzung.

Am 6. September 1839 putschten konservative Kräfte, angeführt vom Pfarrer Bern-

Blick von Norden nach Süden: Johannes Hegetschweilers Expeditionskarte des Tödigebirges, lithografiert von C. Hegi, 1825. Sein Aufstieg endet kurz unter dem ersehnten Gipfel: «Die Ersteigung selbst blieb unvollendet.»

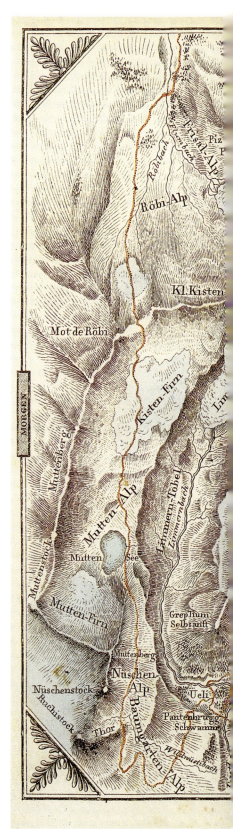

hard Hirzel, gegen die liberale Zürcher Regierung. Entzündet hatte sich der Konflikt an der Berufung des fortschrittlichen Theologen David Friedrich Strauss an die Universität. Zweitausend Bewaffnete stürmten in die Stadt, auf dem Münsterhof stiessen sie mit Dragonern zusammen. Die Regierung schickte Johannes Hegetschweiler auf den Münsterhof, um den Befehl zur Einstellung der Kämpfe zu überbringen, die bereits 14 Tote gefordert hatten – also die Kapitulation der Regierung. Ein Schuss aus einer Schrotflinte traf ihn ins Gesicht, drei Tage später starb er. Der Täter blieb unerkannt.

«Wozu aber, so frägt man sich nicht selten, solche gefahrvollen Reisen?», schrieb Hegetschweiler in seinem Buch über die Fahrten zum Tödi. «Wiegt irgend ein Nutzen, oder auch nur die Stärke der individuellen Empfindungen und Genüsse, oder beydes zugleich, die Gefahr auf?» Und er antwortet: «Gewöhnlich gehen wir mit unsern Ideen einer erhabenern und vollkommenern Welt eilends die Berge an, und nun sehen wir diese nackten himmelhohen Felswände mit gewaltigen Schutthaufen zu ihren Füssen, wir erblicken jene gefrornen Eisströme, schonungslos reisst die donnernde Lawine, was ihr vorkömmt, in den Abgrund. Losgerissen von allen Hilfsmitteln, welche im Thale die menschliche Ohnmacht verschleiern, losgerissen von Erfindungen, Gesellschaft, Bequemlichkeit, steht der Wanderer hier einsam in seinem schwachen Ich der furchtbaren Grösse der Natur gegenüber und kann alsdann nicht umhin, wie die eigene Geringheit, so das allgemeine Los der Vergänglichkeit zu beklagen.»

Seine Sehnsucht, den Tödi zu besteigen, hatte sich nie erfüllt. Als er seinen schrecklichen Tod fand, waren bereits andere auf den Gipfel gelangt.

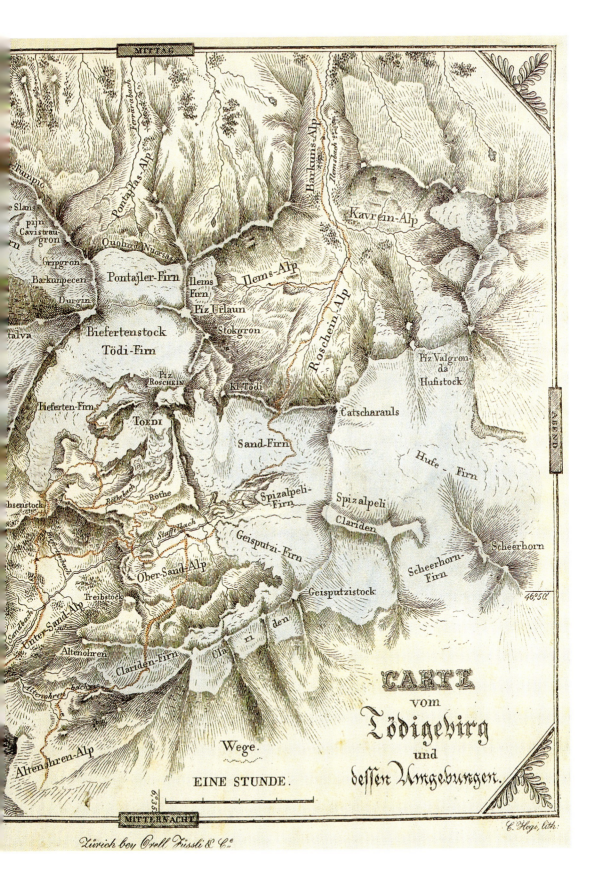

Die Entdeckung des Aufstiegs von Norden

«Eine gräßlichere Wildniß mag es im Alpgebirge kaum geben»

Johannes Hegetschweiler

Nach kurzer Rast brachen wir auf. Einer der Begleiter kroch schon von hier kühn auf den Bifertenfirn hinab, wir andern kletterten mühsam eine steile Felswand hinan, um den trügerischen und jähen Firn erst höher zu betreten.

Vereint gieng es nun in dieser grönländischen Wüste weiter. Nach zwey durchgearbeiteten Stunden gelangten wir an eine hohe Firnwand, deren blaue Eishörner wie Thürme einer Feenburg gen Himmel starrten. Sie waren auf einem hohen Felsenabsatz, der sich an mehreren Orten nakt zeigte, aufgesetzt. Malerisch hieng einer derselben mit seiner Spitze gegen uns über, und drohte alle Augenblicke einzustürzen. Wir nannten dieses colossale Abbild der Zottelmütze unseres Führers scherzweise: Thuts Mütze. Von hier ist der einzige Ausgang eine kleine Schlucht zwischen dieser Wand und den gräßlichen Felswänden des Tödi. Aus ihr kommt ein Bach, der an mehreren Orten von Eis frey ist, und den Wanderer höher an die Felsen hinauftreibt. Ehe wir an diese gelangten, wurde eine Recognoscirung durch Thut beschlossen.

In Sicherheit an eine Felswand gelehnt, harrten wir schweigend seiner Nachrichten. Eine gräßlichere Wildniß mag es im Alpgebirge kaum geben, als die unter uns, neben und über uns war. Durch starres Ansehen des Firns unter mir, schien der Eisstrom fließend zu werden, und diese imposante Täuschung ließ mich auf einige Augenblicke die schauerliche Umgebung vergessen.

Nach einer halben Stunde kehrte der Führer zurück und rief jubelnd von einem Felsenvorsprung, daß der Tödi zu ersteigen sey. Wir stiegen rasch über mehrere Felsen hinauf bis an einen Felsenruns, durch den einiges Wasser floß, und der nothwendig passirt werden mußte. Mit einiger Nachhilfe, indem der Führer durch seine Hand den Stand unseres Fußes sicherte, gelang auch dieses, obgleich die Wand sehr steil und bey jedesmaligem Ansetzen der Hände an die Felsen das Wasser aus den Aermeln gegen den Leib lief. Oberhalb dieser Schlucht, wenige hundert Fuß fast senkrecht ob uns, steigt ein blauer eiserfüllter Riß, von etwa zwanzig Schritt Breite, mehrere tausend Fuß hoch bis zur obersten sichtbaren Höhe, und scheint auf dieser Seite Russein und Tödi zu trennen. Still und schnell zogen wir an diesem Himmelsband vorüber; uns warnte eine Menge kürzlich hinabgestürzter Firnblöcke. Noch gieng es einige Zeit über Felsen und Gletscher fort; da standen wir endlich auf dem Eismeer an der südöstlichen Seite des Berges. Zu unserer Seite hieng hoch von der Wand des Russeins ein Wasserfall. Er zerfällt zu feinem Staub, und wer unter ihm steht, kann den herrlichsten Regenbogen um sich sehen; er wird naß und sieht doch kein Wasser.

Unstät schweifte unser Auge in diesem Chaos umher. Kein lebendiges Wesen mag je hier gehaust haben, selbst der Aar kreißt nicht mehr in dieser beuteleeren Gegend. Wir glaubten uns bald am Ziel unserer Reise, aber gewaltig thürmte sich noch der Berg mit seinen gelben Wänden vor uns auf. Wir standen in der Höhe der Wasserscheide von Glarus und Graubündten. Unserer, jetzt angestellten Berathung gab der tobende Föhn bald den Ausschlag. Schwarzblau ruhte auf uns der Himmel, aus zerrissenem Gewölke tauchte nur hie und da ein Gegenstand aus den Ländern der Sterblichen auf, und bald zog die Bise noch dichter zu uns heran, der Vorbothe des gewissen Regens. – Unter diesen Umständen war an kein Weiterkommen zu denken, und bey der wahrscheinlich fortdauernden schlechten Witterung auch an kein Ausharren auf dem Berge. Ungern ward die Rückkehr beschlossen.

Aus: Johannes Hegetschweiler, «Reisen in den Gebirgsstock zwischen Glarus und Graubünden». Orell, Füssli und Compagnie, Zürich 1825.

Augenschein in der Wildnis: Alpinisten an der Schneerunse um 1900 (oben). Der mächtig zerfurchte Bifertenfirn. Gletscherblick von der Grünhornhütte (unten).

Die Ausrüstung der Pioniere

«Mit Reisebarometer und Regenschirm»

Sind Führer und Träger bestellt, so geht es an die Wahl eines tüchtigen Alpenstocks, der nicht viel länger seyn darf, als der Reisende. Man vermeide sorgfältig alle fabrikmässig von Tannenholz verfertigten; gut sind solche von Eschenholz, kurz alle, welche, ohne zu brechen, eine bedeutende Biegung erleiden, und das ganze Gewicht der oberen Körperhälfte sicher tragen.

Will man sich der einfachen Fusseisen der Gemsjäger bedienen, so sind dazu unsere gewöhnlichen Schuhe zu fein. Jene bestehen aus einem anderthalb Zoll breiten Streif Eisen, der ungefähr so lang ist, als der Schuh in der Mitte breit, an beyden Seiten umgebogen und zur Befestigung gross geöhrt ist, und unten auf jeder Seite zwey halbzöllige Spitzen hat. Bey jedem Tritt auf dem Eise gehen die Spitzen ein, so dass der ganze Fuss aufsitzt. Bey den, eigens zu Alpreisen verfertigten Fusseisen, die am Absatze und unter der Balle des Fusses, Spitzen haben, steht man zu hoch, weil besonders an Abhängen von Eis nicht alle Spitzen gleychmässig eingehen.

Doppelt besohlte, an den Rändern rings herum ½ Zoll hoch mit Kopfnägeln beschlagene, den Fuss so weit möglich einschliessende Schuhe, welche noch überdies durch Ueberstrümpfe fest gehalten werden, sind das erste Bedürfniss.

Wer einen Reisebarometer mitnehmen will, dem möchte ich eine Einrichtung zur Sicherung desselben rathen. Ich liess einen solchen, in ein Futteral von Leder gepackt, an den einen Pfosten eines gewöhnlichen sogenannten Räfs befestigen. Dieses Räf enthielt überdies mehrere Ledersäcke mit etwas Kleidern und Stoffen zu Experimenten und eine Pflanzenpresse.

Am andern Pfosten hieng der Regenschirm.

Nach Johannes Hegetschweiler

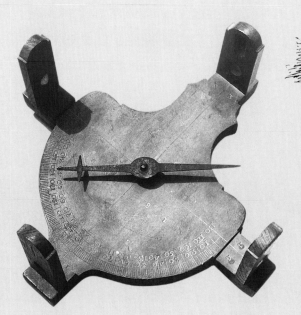

Gebirgsausrüstung damals: Pater Placidus a Spescha als Bergsteiger mit Alpenstock und Tasche; Holzstich von Kassian Knaus (1831–1916) nach einem Ölgemälde von P. Josef Isenring (1782–1868; oben). Bussole nach Plänen Spescha's von 1822 (unten).

Pater Placidus a Spescha (1752–1833)

«Wie die Glätscher krachten ergötzte mich mehr als alle Musiken dieser Welt»

Peter Egloff

Du kommst nach Trun am Tödifuss und hast ein paar Minuten übrig? Dann geh zur Pfarrkirche und drinnen vor den rechten Seitenaltar. Da gibt es weder Inschrift noch Kreuz noch Stein – und doch ist da ein Grab. Unter den Gneisplatten, auf denen du stehst, liegen die Überreste des bemerkenswertesten Menschen, den die Surselva hervorgebracht hat. Im Stuckgewölbe über ihm und dir feixen ein Dutzend barocke Putti und kokettieren mit ihrem Kinderspeck, mehr Amor und Bengel als Andacht und Engel. Ihm wirds recht sein so. Denn Pater Placidus a Spescha, geboren 1752 in Trun und gestorben 1833 in Trun, Mönch des Klosters Disentis, aufgeklärter Universalgelehrter und Frühalpinist, war kein Freund von Trübsal und Traurigkeit.

Ich setzte alle Bequemlichkeiten und den Überfluss dieser Erde meinen Bergreisen nach; dafür wurde ich mit Freuden und Vergnügen angefüllt. Durch das stille Sitzen und vieles Nachdenken war mein Leib schwer und mein Gemüth traurig; ich setzte mich in Bewegung, schwitzte meine bösartigen und überflüssigen Feuchtigkeiten aus und kam nach Hause gereinigt und leicht wie ein Vogel.

Pater Placidus hätte sich sein Leben weiss Gott bequemer einrichten können. Aber das wäre nicht seine Art gewesen. Der Querkopf in der Benediktinerkutte beschrieb in seinem langen Leben Tausende von Blättern – nahm aber nie eins vor den Mund. Er fürchtete Gott, aber weder seinen Fürstabt noch den Landammann. Freimütig und unbeugsam vertrat er seine Ansichten – und vergass dabei nicht, gelegentlich über sich selbst zu lachen. Aus den meisten seiner Taten und Texte aber spricht eine grosse Liebe zu den Menschen und zur Natur.

Das Gewild ist sicher zum Nutzen der Menschen erschaffen, aber auch zur Zierde der Welt und zur Freude der Einwohner derselben. Ob man mit den wilden und

Pater Placidus a Spescha im Alter von rund 50 Jahren. Ölbild, 53 x 40 cm. Unter dem Porträt ist Speschas Wahlspruch zu lesen: «Mag auch die Welt zugrunde gehen, Gerechtigkeit wird dennoch geschehen.»

zahmen Tieren ohne Beleidigung Gottes könne umgehen wie man will, ist eine Frage von solcher Wichtigkeit, dass sie den Gottesgelehrten zur Prüfung sollte vorgelegt werden.

Um 1800 forderte Pater Placidus die Abschaffung des Zwangszölibats, des Heiratsverbots für Priester – und überwarf sich deswegen mit seinem Kloster und der ganzen Surselva. Dabei wollte er die Priesterehe gar nicht für sich selbst und seine Mitmönche, sondern nur für die Weltpriester – im Namen der Vernunft und einer, wie er fand, natürlichen Ordnung.

Die menschliche Verpaarung ist eine Anordnung Gottes. Ist sie dieses, wer darf sich unterstehen, sie zu tadeln oder sie als unanständig zu erklären? Sind die Priester nicht, wie Ihr, mit Fleisch und Blut zusammengesetzt, sind sie nicht mit dem nämlichen Feuer angeflammt und umgeben?

Spescha, Skandalon und Schreckenskind seiner Talschaft, war begeistert von den Ideen der Französischen Revolution. Als Mönch eines Klosters notabene, das österreichische Politik machte, als Kaplan eines Kirchenvolkes, dem Franzosen und Teufel dasselbe sind. Er wurde darum als gottloser Jakobiner verschrien, begrüsste aber 1809 unverdrossen die Auflösung des Kirchenstaates durch Napoleon:

Das ist die Abschaffung des grössten Lasters, das die Kirche hatte!

Ebenso unverstanden blieb Spescha in seiner Heimat als Alpinist. Dass er sein Brevier lieber auf dem Gipfel eines Dreitausenders als im Klostergarten betete, seine Gewissenserforschung bevorzugt am Rand von Gletscherspalten machte, wollte dem Abt von Disentis und dem Volk der Surselva nicht in den Kopf. Pater Placidus war das pure Gegenteil eines Zellenmönchs und Zimmergeografen – von den 59 Jahren seines Ordenslebens verbrachte er mit Ach und Krach ganze 19 innerhalb der Klostermauern, die übrigen in zahlreichen Dörfern der Surselva als Kaplan. Hartnäckig trat er für Ökumene und religiöse Toleranz ein – reformierte Theologen gehörten zu seinen besten Freunden. Bei seinen Landsleuten aber galt er mit der Zeit für leicht verrückt. *Il curios pader – der kuriose Pater –* wurde er von ihnen genannt.

1789, im Jahr der Französischen Revolution, ersteigt Spescha als Erster das Rheinwaldhorn, 1793 den Oberalpstock, 1801 den Péz Terri auf einer sehr schwierigen und ausgesetzten Route. Auf den Péz Avat ob Sumvitg führt ihn ein spezieller Wunsch: *Man legte dem Berggiebel diesen Namen bei, weil er einer Abtsmütze gleicht und folglich zweispältig ist. Um so mehr ward ich*

Historischer Übergang: Panorama von der Porta da Spescha, einer Pforte im Felsgrat südlich des Piz Russein. Den Namen gab ihr Rudolf Theodor Simler zum Andenken an den Tödipionier. Holzstich nach einer Skizze von Rudolf Lindt, aufgenommen anlässlich der ersten Traversierung des Tödi im Gründungsjahr des Schweizer Alpen-Clubs 1863.

zur Reise angetrieben, als ich ja oft Gestalt und Kleidung der Aebte von unten betrachtet hatte. Nun wollte ich auch einmal von ihrer Mütze herabsehen, wie sie wären.

Speschas Traumberg aber ist zeitlebens der Tödi, surselvisch Péz Russein. Schon gegen Ende des 18. Jahrhunderts erreicht er dessen zwei Vorgipfel Stocgron und Péz Urlaun. Aber alle sechs Besteigungsversuche scheitern. 1824, beim letzten, bleibt der 73-Jährige ermüdet auf der Alp Russein zurück, weist seinen zwei Begleitern Placi Curschellas und Augustin Biscuolm die richtige Route und beobachtet ihren Erfolg aus der Ferne (Text S. 26).

Für Pater Placidus ist das Bergsteigen nicht simple Gipfelstürmerei um des Kraftakts willen, er verbindet damit eingehende wissenschaftliche Studien. Und leidenschaftlich widmet er sich dem Strahlen und der Mineralogie. Wenn man die primitiven Hilfsmittel in Rechnung stellt, welche er zur Verfügung hat, kann man vielen seiner Messungen und Erkenntnisse den Respekt bis heute nicht versagen.

Bei meinen Reisen nahm ich Bedacht auf alle Gegenstände, die sich meinen Sinnen darstellten: auf das Gewild, wie es flog und flatterte, wie es weidete, sprang und pfiff; wie die Pflanzen aufkeimten und blüheten, wie die Glätscher krachten; wie die Steine und Felsen, das Eis und der Schnee sich losrissen und der Tiefe zueilten. Dieses Krachen und Donnern, wie das Wachsen und Leben, ergötzten mich mehr als alle Prachten und Musiken dieser Welt.

1817 wurde Spescha Kaplan in seiner Heimatgemeinde Trun und blieb es bis zu seinem Tod. Die letzten Lebensjahre verbrachte er ziemlich einsam. Mehr Ehre als seine Obern, Ordensbrüder und Landsleute erwiesen ihm illustre Besucher von auswärts: Johann Gottfried Ebel, Karl Albrecht Kasthofer, Ludwig und Jérôme Bonaparte, Joseph von Görres und andere.

Am 14. August 1833 verabschiedete sich Pater Placidus 81-jährig von der Welt. *Ussa dat la baracca ensemen* – Jetzt fällt die Baracke zusammen – sollen angeblich seine letzten Worte gewesen sein. Begraben wurde er nicht im Kloster Disentis, sondern in der Pfarrkirche von Trun. Nur gerade drei Mitbrüder erwiesen ihm die letzte Ehre. Mit einigen seiner Ideen stünde Spescha auch in der Surselva von heute noch ziemlich alleine da. Darum freut er sich nach wie vor über jeden Besuch von auswärts.

Peter Egloff, Volkskundler, Redaktor bei Televisiun Rumantscha, lebt in Chur und Sumvitg (GR). Er ist Bergwanderer und Hochwildjäger.

«Zum Zeichen ihres Daseyns liessen sie eine Speckschwarte liegen»
Placidus a Spescha

Tödi von Süden, versteckt hinter einem Kranz von Gräten und Zacken.

Auch der sechste Versuch, den Russein zu ersteigen, lief fruchtlos ab; allein mein Ziel ist dennoch erreicht worden, und ich danke Gott dafür.
Den 1. des September 1824 wagte ich den noch nie erstiegenen Piz Russein zu ersteigen. Die Gemsjäger aber, die zur Mitersteigung bestellt waren, konnten nicht zeitlich genug versammelt werden, folglich musste das Nachtlager, welches unter dem Crap Glaruna hätte eingenommen werden sollen, um den Aufstieg zu verkürzen, bei der unteren Hütte der Alp Russein von Trons, wo das Vieh lagerte, eingenommen werden. Bei der oberen Hütte der Alp entschloß ich mich zu verbleiben; denn die Ersteigung des Bergs schien mir zu beschwerlich. Demnach schickte ich die Jäger: Placi Curschellas von Trons und Augustin Bisquolm von Disentis dahin und beobachtete ihre Hinreise. Wir – mit mir Carli Cagenard von Trons, mein Diener – sahen ihre Auf- und Abfahrt mit an. Nächst dem Fußglätscher westlich stiegen sie über die Mitte der Felsen des Bergs hinaus, lenkten zur Linken, um dessen westlichen beschneiten Rücken zu erreichen, und so gelangten sie auf den Berggiebel um 11 Uhr.
Wegen des Höhenrauchs war die Centralkette der Alpen, einige hohe Gipfel vorbehalten, mit Dünsten eingehüllt. In der Ferne kamen ihnen die Gegenstände undeutlich vor. Am hellsten schien Frankreich, d. i. Elsaß, und das Badische hervor. Im Glarnerland erblickten sie 8–9 Ortschaften, in einer eine ansehnliche Kirche; rücklings das Medelser Thal und den Lukmanier. Näher gegen Westen ragte ein sehr hoher und beschneiter Berggiebel empor, vermuthlich der Montblanc; sie stellten ihn aber ins Piemont. Sie bewunderten die ungeheure Tiefe der nächstgelegenen Thäler: Sandalp und Russein und die umliegenden Schneefelder und Glätscher. Einen Theil des Vierwaldstätter Sees glaubten sie auch gesehen zu haben – und dies ist leicht möglich. Sie hielten sich nur 30 Minuten auf dem Gipfel auf; sie beklagten sich sehr über das Athemholen, Verfinsterung der Augen und Schwindel; und ihre Gesichter waren von dem neuen Schnee, der nicht selten unhaltbar war, entflammt.
Als sie den Gipfel erreichten, blies ein sanfter Südwestwind und trieb die Schneefunken ins Gesicht. Einer saß auf seiner Kappe und der andere auf seinem Grabinstrument; so verzehrten sie ihren mitgenommenen geräucherten Speck, und zum Zeichen ihres Daseyns ließen sie dessen Schwarte dort liegen, da sie weit und breit keine Steine fanden, um einen Steinmann aufzurichten. Sie versicherten aber einmüthig, einer allein würde den Berg nicht erstiegen haben; denn sie mußten einander helfen und Muth einflößen.
Ich selbst mit meinem Diener Carli Cagenard von Trons stieg eine beträchtliche Höhe seitwärts rechts hinauf, um die Auf- und Absteigung der Jäger mitanzusehen. Um 4 Uhr Abends trafen wir bei der oben gemeldeten oberen Alphütte zusammen, wo man sich labte und erzählte.
So endigten meine 40 und mehrjährigen Bergreisen unbeschädigt. Gott sey Dank!

Aus: «Pater Placidus a Spescha, sein Leben und seine Schriften», hg. von F. Pieth und K. Hager, Verlag von Benteli AG, Bern 1913.

Disentis im Zeitalter der Romantik. Stahlstich nach einer Zeichnung von Ludwig Bleuler, 18,5 x 28,5 cm. Bleuler begleitete Placidus a Spescha bei der ersten Besteigung des Rheinwaldhorns im Revolutionsjahr 1789 (oben).

Von Süden zeigt der Tödi ein anderes Gesicht, und er trägt einen anderen Namen: Péz Russein nennt man ihn in der Surselva. Holzstich nach einer Zeichnung von Zeller-Horner, 1885, 8 x 12,6 cm (unten).

Bernhard Vögeli (um 1777–1848)

«Entschlossen, das Äusserste zu wagen»

«Schon seit meinem Knabenalter hatte ich ein sehnliches Verlangen, jenen Schneeberg zu erklettern, den wir in seiner ganzen Pracht von unsern Wohnungen aus erblicken, um von ihm über die Berge und Thäler unseres Landes weg in die weite Welt hinauszuschauen. Ich schob indessen die Ausführung des Vorhabens von einem Jahr zum andern auf.» Der Gämsjäger Bernhard Vögeli aus Linthal war schon sechzig Jahre alt, als er sich entschloss, den Tödi zu versuchen. Der Sommer des Jahres 1837 war heiss – auch politisch. Die Regeneration, der Machtkampf zwischen Konservativen und Liberalen, ergriff auch das Glarnerland. Die Katholischen in Näfels widersetzten sich der neuen Kantonsverfassung, denn damit verloren ihre alten Häupter jahrhundertealte Vorrechte. Die Wirren scheinen die Hinterländer jedoch kaum bewegt zu haben. Bernhard Vögeli überzeugte sich beim Wildheuen, dass die Verhältnisse gut waren. Am 31. Juli bricht er auf, begleitet von seinem Sohn Gabriel und seinem Nachbarn Thomas Thut, einem Vetter des «Wasserdoktors» Hans Thut, der Hegetschweiler geführt hat. Doch auf dem Bifertenfirn treibt sie «ein plötzlich sich verbreitender Bisenrauch» wieder ins Tal. Vier Tage später sind die drei wieder unterwegs, «dieses Mal besser mit Lebensmitteln und Waffen versehen und entschlossen, das Äusserste zu wagen». Mit Waffen meint Vögeli nicht Pistolen, wie sie Hegetschweiler aus wissenschaftlichen Gründen abgefeuert hat, sondern Fusseisen, Heuseile und eine Leiter. Den Berglern geht es nicht um wissenschaftliche Erkenntnis, wie den gelehrten Herren aus der Fremde, sondern einzig und allein um den Gipfel. Und sie sparen die Erstbesteigung auch nicht für zahlende Gäste auf, wie das unter Bergführern im Alpengebiet später üblich wird, um einen guten Preis auszuhandeln. Dieses Selbstbewusstsein der Einheimischen ist für die damalige Zeit eher ungewöhnlich, vielleicht ein Ausdruck der Verhältnisse, die sich rasch wandelten.

Die Nacht bringt die Partie frierend in der Nähe des Bifertenfirns zu, der nächste Tag verläuft dramatisch. Vögelis Sohn stürzt in eine Randkluft des Gletschers, zum Glück am Seil, so dass man ihn unter Mühen wieder herausziehen kann. Zuoberst in der Schneerunse, die teilweise mit Hilfe der Leiter erklettert wird, kracht eine Eislawine über den alten Vögeli hinweg und reisst ihn beinahe in die Tiefe. Dann zieht ein Gewitter auf. «In schneller Flucht retteten wir uns aus dieser unwirtlichen Region.»
Doch schon am 11. August marschieren die Hartschädel mitten in der Nacht wieder los, schwer beladen mit Ausrüstung und Proviant, biwakieren wiederum im Freien und erreichen den Glarner Tödi kurz nach Mittag. Auf dem Gipfel vergiessen sie Tränen vor Glück, danken Gott und errichten ein Gipfelkreuz (Text S. 30).
Am Abend treffen sie in Linthal ein. «Mit Jubel zeigten am 12. August die genannten

Mit Fusseisen, Heuseilen und einer Leiter schafft im heissen Sommer 1837 der 60-jährige Linthaler Gämsjäger Bernhard Vögeli den ersten Aufstieg von Norden, begleitet von seinem Sohn Gabriel und Thomas Thut. Tiefblick durch die Schneerunse, 1967 dargestellt vom Glarner Maler Fritz Zwicky aus Mollis (1919–1980; oben). Die wilde Eiswelt des Bifertenfirns, Lithografie vom Glarner Alpinisten und Künstler Albert Schmidt (geboren 1942), 1986, 56 x 76 cm (unten).

Männer ihren Sieg über den Tödi den resp. Stachelbergbadgästen an, und fanden aber nicht die Symphonie, die sie hofften», schreibt die «Glarner Zeitung». Die feinen Damen und Herren im Kurhaus rümpfen ihre gepuderten Nasen. Sie wollen den Einheimischen nicht glauben, dass sie den Aufstieg geschafft haben, an dem Johannes Hegetschweiler fünf Mal gescheitert ist. Nur einer horcht auf: Friedrich von Dürler, Sekretär der Armenpflege der Stadt Zürich, der mit seiner Mutter im Bad Stachelberg zur Kur weilt.

Die Erstbesteigung des Glarner Tödi von Norden

«Mit einigen Schlücken Kümmelwasser»

Bernhard Vögeli

Baumgartenalp mit Selbsanft (links), Tödi und Gemsistock. Aquarell von Johann Rudolf Bühlmann, um 1874.

Wie eine Treppe aus Eis windet sich der Bifertenfirn vom Gipfel des Tödi herab. Der Aufstiegsweg von Norden gesehen aus der Schiibenruns.

Nachts um 12½ Uhr zogen wir, wie früher mit Fusseisen, Heuseilen, Flösshacken, einer Leiter und für unsern Unterhalt mit Brod und Kümmelwasser versehen, aus unserer Heimat fort. Ohne Zufall erreichten wir Thuts Schlafmütze, wo die Nacht einbrach, die wir abermals unter einer vorspringenden Fluh zubrachten. Von hier aus, auf der Bündnerseite den Berg hinankletternd, gelangten wir auf ein weites Schneefeld und hielten, von den Strahlen der Mittagssonne erwärmt, auf einem von einer Laune herabgeworfenen Felsstück unser einfaches Mittagessen. Immer steigend kamen wir zu einem steilen Abhang, der mit knietiefem frischem Schnee bedeckt war, worin wir über eine Stunde lang zu waten hatten. Um 12 Uhr sahen wir ein kleines Firnthal vor uns liegen, über das wir nicht ohne Besorgniss hinwanderten. Ganz auf der Südseite des Berges erreichten wir dann, wie es uns schien, die oberste Fläche desselben; da aber ein dichter Nebel uns jetzt umgab, und wir nicht zehn Schritte vor uns sehen konnten, marschierten wir aufs Gerathewohl vorwärts. Hier war es, wo ich, durch die grosse Arbeit erschöpft, mich sehr unwohl fühlte, auch, wie meine Begleiter mit Schrecken bemerkten, meine Gesichtsfarbe veränderte. Ein Frost und heftiges Zittern der Glieder hatten mich überfallen. Das Gefährliche meiner Lage einsehend, raffte ich meine letzten Kräfte zusammen, fuhr fort, mich zu bewegen, nahm einige Schlücke Kümmelwasser und hatte die Freude, mich in kurzer Zeit von diesem Zustande befreien zu können.

Noch eine Weile schritten wir auf dieser Ebene fort; da theilten sich plötzlich die Wolken und unser Auge überschaute eine zahllose Menge von Berggipfeln, von denen keiner zu uns emporreichte. Wir überzeugten uns fast zu unserm Schrecken, dass wir auf der Spitze des noch nie bestiegenen Tödi standen. Unser Thal, in dem wir unsere Wohnungen und das Stachelbergerbad erkannten, lag in dunkler Tiefe zu unsern Füssen, und wir vergossen Thränen der Freude über das uns zu Theil gewordene Glück. In aller Eile wurde nun als Signal aus zwei Stöcken ein Kreuz verfertigt, an das wir einige Nastücher mit Nadel und Faden, die wir zu diesem Zwecke mitgenommen, befestigten. Dann erst setzten wir uns auf den glänzenden Firn, nach dem wir so oft mit Sehnsucht hinaufgeblickt hatten. Als wir noch eine Zeit lang durch die Risse der sich häufenden Wolken in eine uns unbekannte Welt hinausgeschaut hatten, traten wir, Gott dankend für die Erfüllung unsers so lang genährten Wunsches, Nachmittags um 2 Uhr den Rückweg an.

Aus: Ferdinand Keller, «Das Panorama von Zürich. Schilderung der in Zürichs Umgebung sichtbaren Gebirge, nebst Beschreibung der im Jahre 1837 ausgeführten Ersteigung des Tödiberges». Orell, Füssli und Co., Zürich 1839.

Friedrich von Dürler (1804–1840)

«Spaziergang auf den Tödi»

Auf den Tödi spaziert, am Üetliberg abgestürzt: Friedrich von Dürler, Sekretär der Zürcher Armenpflege. Lithografie nach einer Zeichnung von Johann Andreas Hirnschrot, 1840 (oben). Der Dürlerstein auf dem Üetliberg (unten).

Hoch auf den Alpen bewahrt auf gefahrvollen Firnen des Dödi Fällst Du am Uetliberg uns, ach! auf vertrauterem Pfad. Immer zogs Dich empor, zu athmen reinere Lüfte, Wolltest das Vaterland schaun, fandest das himmlische schnell.

Grabinschrift für Friedrich von Dürler

32

Am Sonntag, den 8. März 1840, nachmittags gegen drei Uhr, sagte Friedrich von Dürler, Sekretär der Zürcher Armenpflege, zu seiner Mutter, er wolle noch schnell auf den Üetli gehen, weil so schönes Wetter sei. Sie warnte ihn noch, der Berg sei vereist. Begleitet von seinem kleinen Hund machte er sich auf den Weg. Auf dem Kulm traf er Bekannte an, und erst in der Dämmerung machte sich die Gesellschaft an den Abstieg. Dürler, offenbar in übermütiger Laune, forderte seine Begleiter auf, ihm zu folgen und «nach der Art der Alpenbewohner» an den Stock gelehnt den Hang hinunterzurutschen. Da die andern ablehnten, verabredete man sich in der Stadt in einem Kaffeehaus. Als er nicht eintraf und auch bei der Mutter nicht erschien, mit der der Junggeselle zusammen wohnte, begann man ihn am folgenden Morgen zu suchen. «Er trennte sich beim Hinuntersteigen von seinen Begleitern, um auf einer Holzbahn schneller nach hause zu gelangen», schreibt die «Neue Zürcher Zeitung». «Am Fusse derselben fand man ihn todt mit eingestürzter Hirnschale.» Der «erste Tourist», der 1837 den Tödi besucht hatte, geführt von Bernhard und Gabriel Vögeli sowie Thomas Thut, fand am Üetliberg ein frühes Ende.

Dürler, Sohn eines Luzerners und einer Zürcherin, Kaufmann, Sekretär der Armenpflege und nebenamtlicher Physiker und Naturforscher, war erst 36 Jahre alt. «Sein Hündchen», so schreibt sein Biograf Ferdinand Keller, «sass traurig auf dem Leichnam und wollte Niemand zulassen. Sowohl die Art des Todes eines so geübten Bergsteigers als die allgemeine Liebe, welche er genoss, setzte Alles in Bestürzung. Seine Leiche begleitete eine fast unerhörte Menge zu Grabe.»

Zufällig war er an jenem 12. August 1837 mit seiner Mutter im Bad Stachelberg zur Kur und hatte miterlebt, wie die vornehmen Gäste den Bericht der «Hirten» über ihre Tödibesteigung anzweifelten, fand jedoch «die gemütliche und zuversichtliche Relation der Männer in der Sache dennoch achtenswert und bestimmte dieselben dann, ihrer Aussage dadurch Nachdruck zu geben, dass sie ihm bei einem Spaziergang auf den Tödi vorangehen sollten, was sie sogleich zuschlugen».

Und so machen sich denn die drei Einheimischen zum vierten Mal innerhalb dreier Wochen auf, mit Heuseil, Leiter und Fuss-

Den Leuten im Tal erschienen die drei Führer und der Tourist auf dem Gipfel wie «winzige Kobolde, die auf der unersteiglich geglaubten Schneekuppe umherirrten». Postkarte, nach 1900.

eisen ausgerüstet, um den Junker auf den Gipfel zu führen und den Beweis ihrer Tat zu liefern. Diesmal übernachtet man auf der Sandalp, bricht um 3 Uhr morgens auf und erklettert den Berg auf der bekannten Route durch die Schneerunse unter reger Benützung der Leiter. Inmitten der Eiswüste treffen sie zwei traurige, «vielleicht ebenfalls auf einer Untersuchungsreise begriffene Krähen, die über das Erscheinen lebender Wesen sehr verwundert schienen». Stufen hackend erreichen sie den Grat zwischen Russein und Glarner Tödi, wenden sich rechts gegen den letzteren, den sie gegen halb zwei erreichen. Diesmal haben sie eine Fahne mitgenommen, die sie schwenken, um den Leuten im Tal ihren Erfolg anzuzeigen (Text S. 34).

Beim Abstieg stürzen sowohl die Führer wie auch ihr Gast mehrmals in Spalten, werden in der Schneerunse vom Eisschlag bedroht, kommen abends um 7 Uhr auf die Alp und anderntags ins Tal, «wo der Jubel des guten Völkleins, bei dem Mut und physische Kraft im höchsten Ansehen stehen, bei der Erscheinung der Reisenden ungemein gross war».

Für den Sommer 1840 hatte sich Dürler eine zweite Tödibesteigung vorgenommen und «angesichts der Gefahren, die eine Tödibesteigung immerhin in sich schliesse», sein Testament verfasst. Seine Bergführer bedachte er mit je 90 Gulden, die Linthaler Schulen mit 500 Gulden und den Armenfonds der Gemeinde mit 250 Gulden. Linthal dankte dem Junker mit einem Denkmal. Und auf dem Üetliberg erinnert der Dürlerstein an den tragischen Tod des Tödipioniers.

Am gleichen 19. August, an dem Dürler und die drei Linthaler den Tödi von Norden bestiegen, rief Landammann Dietrich Schindler, der Hegetschweiler bei seinem letzten Versuch begleitet hatte, die Glarner Truppen unter die Waffen. Drei Kompanien marschierten am 22. August in Näfels ein und zwangen die aufrührerischen Katholiken, die liberale Kantonsverfassung anzuerkennen, welche die Landsgemeinde im Jahr zuvor beschlossen hatte. Dass die Glarner fast gleichzeitig den Tödi von ihrer Seite bestiegen und die alte Ordnung beseitigten, war gewiss kein Zufall. Es war der Geist des Aufbruchs und der Aufklärung, der in jenem entscheidenden Jahr 1837 durchs Tal wehte. Dann folgten politische Wirren im Land, eine grosse Wirtschaftskrise in den 1840er-Jahren, welche zu einer massenhaften Auswanderung führte, und schliesslich der Bürgerkrieg gegen den Sonderbund. Und so dauerte es 16 Jahre, bis der Tödigipfel wieder betreten wurde.

Der erste Tourist auf dem Tödi

«Winzige Kobolde auf der Schneekuppe»
Ferdinand Keller

Alp Vorder Sand mit Sandgipfel (rechts) und Glarner Tödi (links). Station beim Aufstieg von Norden. Postkarte aus den 1920er-Jahren.

Fast in der Mitte des Gletschertales, das hier eine Viertelstunde breit sein mag, und zwischen den Wänden des Tödi und den Bündnerbergen steht ein Eishügel von etwa 100 Fuss Höhe, der das Ganze Firnmeer beherrscht und von dem ein Gemälde entworfen werden könnte, das in Absicht auf schauerliche Pracht des Gegenstandes einzig wäre. Auf diesem Hügel trafen sie die letzten Gegenstände des organischen Lebens an. Es waren einige todte Libellen und Blätter, die der Wind aus weiter Ferne hergetragen hatte. Nicht weit davon sassen traurig zwei, vielleicht ebenfalls auf einer Untersuchungsreise begriffene Krähen, die über das Erscheinen lebender Wesen sehr verwundert schienen.

Von hier sich rechts wendend, kamen sie um 12 Uhr zur Einsattelung zwischen dem Tödi und Russein oder Bündnerspitz, hieben Stufen in die steile Firnwand und erreichten so den Grat, von dem sie in etwa einer halben Stunde auf die Kuppenfläche gelangten.

Der erste Eindruck, den dieser Schauplatz auf das Gemüt machte, war so überwältigend, dass die Wanderer, ehe sie an die Betrachtung der einzelnen Gegenstände gehen konnten, sich im Allgemeinen mit einer so ausserordentlichen, wundervollen Welt befreunden mussten. Rings um sie her stiegen schwarz-graue Felshörner und blendende Schneegipfel in die dunkelblaue Luft empor. Zu ihren Füssen lagen, von schroffen Felsgräten umzäunt, weite Firntäler, denen nach allen Seiten zackige Gletscher entströmten. Westlich erhoben sich die Häupter der Berneralpen, südlich die zahllosen Gipfel Graubündens, östlich die Tyrolerberge, nördlich breitete sich die unabsehbare Ebene der nördlichen Schweiz und Süddeutschlands aus.

Jetzt aber hielt man es für Pflicht, die Freunde im Tale von der glücklichen Ankunft in Kenntnis zu setzen und nach Abrede die mitgenommene Fahne so hoch als möglich zu schwingen. Das ganze Tal lag deutlich vor ihnen; man konnte vermittelst eines kleinen Fernrohrs nicht nur die Häuser unterscheiden, sondern beobachten, wie gleich nach dem gegebenen Zeichen die Leute sich zwischen dem Dorf und dem Badgebäude hin- und herbewegten, und wie dann am letztern Orte eine Menge Personen an die offenen Fenster des Speisesaales drängten und den Altan erfüllten.

Nicht weniger überraschend war für die Leute im Tale der Anblick von Menschen, die, winzigen Kobolden gleich, auf der noch vor Kurzem unersteiglich geglaubten Schneekuppe umherirrten.

Nachdem die mitgebrachte Fahne mit vieler Mühe im frisch gefallenen Schnee befestigt war, setzten sich die jüngeren Reisegenossen, während der alte Gemsjäger auf den Schnee hingestreckt, behaglich schlief, zu einander, um sich

noch eine Weile dem Anschauen dieser erhabenen Natur zu überlassen. Eine Stunde verging, ehe man nach so grossen Strapazen an den Genuss von Speise dachte. Der Hunger war bald gestillt; dagegen konnte der brennende Durst, den die Bergleute den Hungerdurst nennen, kaum befriedigt werden. Branntwein, mit Schnee vermischt, mundete nicht, der Gaumen verlangte etwas Säuerliches. Zur grossen Überraschung der Gesellschaft bewegte sich, als sie eben am Mittagsmahle sass, ein weisser Schmetterling, den die Winde nach dieser Region des Todes hinaufgetragen hatten, in mattem Fluge an ihr vorbei.

Aus: Ferdinand Keller, «Das Panorama von Zürich. Schilderung der in Zürichs Umgebung sichtbaren Gebirge, nebst Beschreibung der im Jahre 1837 ausgeführten Ersteigung des Tödiberges». Orell, Füssli und Co., Zürich 1839.

Treffpunkt der mondänen Welt: Das Schwefelbad Stachelberg bei Linthal war im 19. Jahrhundert touristischer Mittelpunkt am Fuss des Tödi. Aquatinta von Jakob Suter nach Salomon Corrodi, um 1835 (oben).

Badegäste im Stachelberg um 1900 (unten). Mit Fernrohren beobachtete man den Aufstieg der Bergsteiger und empfing sie bei ihrer Rückkehr mit Jubel.

Pater Placi Sigisbert Giger (1892–1950) und die Theologen am Tödi

«Von den Gipfeln erhebt sich unsere Seele leicht beflügelt zu Gott»

In Placidus a Speschas Fussstapfen: «Gletscherkaplan» Placi Sigisbert Giger pflückte an seinem Königsberg ein Sträusslein Edelweiss für Papst Pius XI.

Freunde nannten ihn den «Gletscherkaplan» und errichteten nach seinem frühen Tod im Dezember 1950 auf dem Piz Russein ein einfaches Kreuz zu seinem Gedenken. Pater Placi Sigisbert Giger stammte aus dem Medelser Tal, betreute in späteren Jahren die Kaplanei Cavardiras zwischen Somvix und Disentis. Er war nicht nur ein passionierter Wallfahrer, sondern ein exzellenter Alpinist. «Der Tödi war der König seiner bevorzugten Berge», heisst es in einem Nachruf. «Ungezählte Male und auf den verschiedensten Routen wurde der Berg von ihm bezwungen.» Und einmal, es war im Jahr 1933, da pflückte er ein Sträusslein Edelweiss an seinem Königsberg, trug es zu Fuss nach Rom und überreichte es dort einem ebenso passionierten Alpinisten, der inzwischen den höchsten kirchlichen Thron erklommen hatte. Papst Pius XI. empfing Pater Placi in Privataudienz, und sie mögen sich dabei wohl über ihre Bergabenteuer unterhalten haben – war doch der Heilige Vater einst einer der bedeutendsten italienischen Alpinisten gewesen: Im August 1889 bestieg der Mailänder Priester Achille Ratti das Matterhorn in einem Tag von Zermatt aus, ein Berg, den auch Placi Giger kannte. Gut dreissig Jahre später, am 6. Februar 1922, wählte das Vatikanische Konklave Achille Ratti auf den Heiligen Stuhl. Noch als Papst schrieb er: «Wahrlich, von allen Betätigungen, in denen eine ehrbare Erholung gesucht wird, ist für die geistige und körperliche Frische keine wohltuender als der Bergsport, nur muss Waghalsigkeit vermieden werden. Steigt man nämlich nach harter Arbeit und Mühe hinauf, wo die Luft dünner und reiner ist, so erneuern sich und erstarken einerseits die Kräfte, während andererseits der Mensch ausdauernder wird auch für die schwersten Pflichten des Lebens, denn er lernt mutig allen Gefahren ins Auge zu schauen.»

Diese Worte könnten auch von Placidus a Spescha stammen, dem grossen Vorgänger und Vorbild Placi Gigers.

Am Tödi haben erstaunlich viele Theologen alpine Geschichte geschrieben. Der Spescha-Biograf Pater Karl Hager, Naturwissenschafter und Professor an der Klosterschule Disentis, war als begeisterter Alpinist Gründungsmitglied der Sektion Piz Terri des Schweizer Alpen-Clubs. Melchior Ulrich, der schon 1834 einen Versuch zur Tödibesteigung unternahm und 1853 die dritte Besteigung von Norden ausführte, amtete als Privatdozent für Theologie an der Universität Zürich.
Als einer der ersten Engländer bestieg am 4. September 1868 James John Hornby mit einem Gefährten und dem Führer Christian Ulrich Lauener den Tödi von der Grünhornhütte aus in viereinhalb Stunden. Reverend Hornby gehörte zu den stärksten Alpinisten des Londoner Alpine Club; mit seinem Seilgefährten T. H. Philpott waren ihm einige Erstbegehungen in den Alpen gelungen.

Die Töditour bildete den Abschluss der alpinistischen Karriere Hornbys. Im Jahr darauf heiratete er und wurde Direktor des britischen Nobel-Institutes Eton.

«Gletscherpfarrer» nannte man den englischen Theologen William Augustus Brevoort Coolidge, der 1893 mit den Führern Christian Almer und M. Schuler die Südwestwand des Tödi erstmals auf direkter Route bestieg.

Bei einer Erstbesteigung war auch der reformierte Pfarrer Jakob Schiltknecht dabei. Am 5. Oktober 1959 bezwang er mit Karl Brühwiler vom vorderen Rötifirn aus in acht Stunden die Nordostwand, durch senkrechten, abwärts geschichteten Fels. Es blieb die einzige Durchsteigung der schwierigen Route; fünf Jahre später machten Felsstürze die Wand unbegehbar. Schon als Bub kam Jakob Schiltknecht mit dem Vater ins Glarner Hinterland, das ihm zur zweiten Heimat wurde. Er leistete mit Glarnern Aktivdienst, war Pfarrer in Braunwald und in Schwanden. Selbst im Alter von siebzig Jahren stand er nochmals auf dem Gipfel, zum wievielten Mal erinnert er sich nicht mehr. «Mit sechzig habe ich aufgehört zu zählen.» Meist stieg er von der Puntegliashütte auf, wo der ehemalige Studentenpfarrer jahrzehntelang Tourenwochen für den akademischen Sportverband Zürich leitete.

Ist es Zufall, oder ist es die erhabene Aura des Bergs, welche Theologen jeder Konfession zum Tödi gezogen hat, vom Benediktinerpater Placidus a Spescha bis zum reformierten Pfarrer Jakob Schiltknecht? Oder ist es das, was Papst Pius XI. so ausdrückte: «Beim Betrachten der Unendlichkeit und Schönheit der Zauberbilder, die sich von den hohen Gipfeln der Alpen unseren Blicken auftun, erhebt sich unsere Seele leicht beflügelt zu Gott, dem Urheber und Herrn der Natur.»

Zwischen Himmel und Erde. Im September 1999 montierten Glarner Alpinisten ein massives Holzkreuz auf dem Gipfel des Piz Russein. Es ersetzt das einfache Signal, das Freunde von Pater Placi Giger nach seinem frühen Tod im Jahr 1950 errichtet hatten – noch ohne Helikopter.

Der Name Tödi

«Die Ödnis oder der Töter?»
Fritz Zopfi

Wilde Landschaft. Die Linth zwängt sich hinter dem Tierfehd durch eine Klamm. Hier begann einst die «alpine Öde». Der Weg zur Sandalp führt über die Pantenbrücke, hoch über dem Grund der Schlucht.

Der Name «Tödi» ist bis ins 18. Jahrhundert offenbar nur mündlich weitergegeben worden. Handschriftliche oder gedruckt überlieferte Belege häufen sich erst seit der ersten Hälfte des 19. Jahrhunderts im Zusammenhang mit den Berichten über die alpinen Erstbesteigungen im hintersten Linthtal.

Es gab in der Namensforschung eine Richtung, die «Götterberge» anpeilte, deren Deutung meistens mit einer voralemannischen Etymologie in Zusammenhang gebracht wurde. Für den Glarner Tödi hat der Namensforscher Johann Ulrich Hubschmied 1938 in seiner Abhandlung über sprachliche Zeugen für das späte Aussterben des Gallischen ein keltisches Wort Toutinos erschlossen, in dem er den Namen einer gallischen Gottheit vermutete. Diese Deutung hat sich indes nicht durchgesetzt.

Die Wirklichkeit dürfte viel nüchterner gewesen sein. Schon Placidus a Spescha, der den Piz Russein vom Glarner Tödi sorgfältig unterschied, war auf der richtigen Fährte, als er im Namen Tödi der Glarner – er schrieb auch etwa «Tödiberg» – das deutsche Begriffswort Öde, mundartlich Ödi, erkannte. Es entstammt wohl der Sprache der Jäger. Wenn diese die Pantenbrücke hinter sich hatten und in der höheren Alpregion, zunächst auf der Sandalp, in Fels und Firn ihrer Beute nachstiegen, empfanden sie die Landschaft als wild und chaotisch – eine ungeheure Einöde umgab sie. Sie gingen «i t'Ödi», in die Ödnis, woraus sich sprachlich allmählich der Gesamtname des Tödimassivs gebildet haben mag.

Im Töditourismus spielt der Name der Sandalp als Ausgangspunkt einzelner Routen eine Rolle. Diese Alp im Hintergrund des Grosstals am Fusse des Tödi, deren Oberstafel ganz von Felsen und Gletschern eingefasst ist, wird von Oswald Heer im 1846 erschienenen Glarner Band im «Gemälde der Schweiz» als stark verwildert beschrieben. «8 Stösse konnten damals nicht mehr benützt werden, doch wurden noch rund 800 Schafe gesömmert.» Die Sandalp dürfte im Mittelalter ein Teil der alpinen Öde gewesen sein, welche zur Entstehung des Namens Tödi führte. Beim namengebenden Sand handelt es sich um zermahlenes Material von Endmoränen, verbunden mit mageren Weiden.

Im Tödimassiv überwältigte die ungeheure Einöde der Landschaft im Zeitalter der Erstbesteigung die furchtlosen, zähen Forscher und die sie begleitenden Gämsjäger immer wieder, die in der Konfrontation mit der Natur einen Hauch der Schöpfung zu spüren vermeinten. Hat die Todesgefahr, der sie sich wiederholt aussetzten, im kollektiven Unbewussten vielleicht auch religiöse Gefühle geweckt? Verbirgt sich etwa hinter dem Namen «Tödi» oder der Zusammensetzung «Tödiberg» die geheimnisreiche Welt eines «Töters», als einer Art mythischer Personifikation, die von Zeit zu Zeit ihr Opfer fordert?

Rein sprachlich ist die mundartliche Benennung des Tödi als Nomen zum Verb töde (töten) nicht unmöglich; aber die dahinter herumgeisternde Vorstellung will nicht so recht in das beginnende Zeitalter der Aufklärung passen, in dem der Bergname Tödi erstmals schriftlich festgehalten wurde. Dies geschah im Jahre 1706 im Buche «Beschreibung der Naturgeschichten des Schweizerlandes», das der Zürcher Naturwissenschafter Johann Jakob Scheuchzer veröffentlicht hatte. Scheuchzer verkehrte viel im Glarnerland und besass dort Freunde und Gewährsmänner für seine Forschungen. Der Tödi wurde von Scheuchzer als «Tödiberg» erwähnt.

Sicher gab es im Tödigebiet am Fusse der Fels- und Eisriesen immer wieder einen Unfall, der einem Gämsjäger oder einem Wildheuer das Leben kostete, manchmal auch einem Älpler, der sich auf die Suche nach verstiegenem Vieh aufgemacht hatte und dabei «erfallen» war. Solche Ereignisse auf den Alpen konnten indes keineswegs die Veranlassung zu mythologischer Auslegung geben und zur Bezeichnung des höchsten Gebirgsstocks zwischen Reuss und Rhein als «Töter», mundartlich tödi, als «einen, der tötet». Ich ziehe als glaubwürdige Worterklärung jene Deutungsvariante vor, die vom Begriff der Öde ausgeht. In die Wildnis zu gehen, lautete mundartlich «i t'Ödi gu», woraus der Name Tödi entstehen konnte. Schon Scheuchzers «Tödiberg» von 1706 weist in diese Richtung, ebenso der Hinweis des zweisprachigen Paters Placidus a Spescha auf den «Tödiberg der Glarner», als der Piz Russein 1824 von zwei Bündner Jägern erstmals erstiegen worden war.

Aus: «Neujahrsbote für das Glarner Hinterland 1986», gekürzt.

Fritz Zopfi (1910–1989), in Schwanden (GL) aufgewachsen, war Journalist, Chefredaktor der «Berner Zeitung» und Mitbegründer der Ortsnamenforschung in der Schweiz.

Der Tödi von Osten. Eine der ersten Darstellungen Hans Conrad Eschers von der Linth. Aquarellierte Federzeichnung, 1807, 23,9 x 38,5 cm.

Linke Seite: Die ungeheure Einöde der Landschaft überwältigte die Forscher und die sie begleitenden Gämsjäger. Auf dem Bifertenfirn unter der Grünhornhütte, Blick gegen den zweiten Eisbruch und den Piz Urlaun.

Nächste Doppelseite: Blick zum Tödi von der Leglerhütte am Kärpf. Fahnen, Kreuze oder Steinmänner markieren die Spur des Menschen im Gebirge. «Man winkt mit einer roten Fahne ins Tal, siegestrunken.»

Ansicht des Tödi von der Aeuliwiese aus. Stahlstich nach Zeller-Horner, 1830.

> Der stolze Rusein, der langjährige und eigentliche Gegenstand
> der Sehnsucht von Spescha und Hegetschweiler, er war besiegt!
> Dank dir, oh Phöbus Apollo! Dank deiner Huld!
> Rudolf Theodor Simler

Die Zähmung der Festung

Es herrschte wieder Ordnung im Land. Die Industriekrise der 1840er-Jahre war überwunden, die Konservativen waren besiegt, der liberale Bundesstaat war errichtet, General Guillaume-Henri Dufour konnte sich nach geschlagener Schlacht gegen den Sonderbund seiner eigentlichen Aufgabe, der Vermessung und Kartografierung des Landes, widmen. 1863 wurde er erstes Ehrenmitglied des Schweizer Alpen-Clubs. Bei dessen Gründung haben der Tödi, seine Erforschung und seine Besteigung eine wesentliche Rolle gespielt: Rudolf Theodor Simler soll auf dem Gipfelgrat, der heute seinen Namen trägt, von der Idee einer «Association» beseelt worden sein.

Die Sprache der neuen Zeit hatte den romantisch-sehnsüchtigen Klang der frühen Touristen verloren. Man besiegte die Berge in generalstabsmässig-militärischem Angriff, nach dem Vorbild der englischen Herren, welche nicht nur ein Weltreich erobert hatten, sondern nun auch einen Gipfel der Alpen nach dem andern erstürmten. Den Tödi, abseits im Osten gelegen und kein Viertausender, übersahen die Engländer. Umso mehr belagerten ihn Herren aus Zürich, St. Gallen und Bern, in der Mehrzahl Professoren und gut betuchte Bürger. Sie logierten im Kurhaus Stachelberg am Fuss des Bergs und liessen sich von Linthaler Gämsjägern und Wildheuern begleiten, den Zweifel, Vögeli und Thut, die in der Folge das Führen in Fels und Eis zur Profession machten. Es war das «goldene Zeitalter des Alpinismus». Man hatte die Furcht vor den Felsen und Gletschern verloren, die Ausrüstung verbessert, und bald bildeten Hütten an geeigneter Stelle am Berg bessere Stützpunkte als die verrauchten Alphütten.

Krönender Abschluss einer gelungenen Tödiexpedition war in dieser goldenen Zeit oft die Publikation eines Buches, in dem der Verfasser nicht nur Weg und Abenteuer am Berg schilderte und wissenschaftliche Beobachtungsdaten präsentierte, sondern auch noch den endgültigen und wahren Gipfelsieg für sich reklamierte. Die Frage: «Wer war zuerst zuoberst?», löste eine Kontroverse aus, die sich über Jahrzehnte dahinzog. Der Berg war gezähmt, doch wer wirklich als Allererster seinen Nagelschuh auf die höchste Spitze gesetzt hat, wird wohl für immer ein Geheimnis bleiben.

Rudolf Theodor Simler (1833–1873)

«So reifte der Gedanke an eine Association»

«Vorsichtig und unerschrocken dem noch nie betretenen Ziele zu.» Rudolf Theodor Simler, der Gründer des Schweizer Alpen-Clubs, sah sich als Erstbesteiger des Piz Russein.

Dr. Rudolf Theodor Simler, Dozent der Chemie und Mineralogie an der Universität Bern, Assistent bei der Berner meteorologischen Centralstation, der schweiz. naturforschenden Gesellschaft und ord. Mitglied und Correspondent der k. k. geologischen Reichsanstalt, sass am 30. Juli des Jahres 1861 um die Mittagsstunde auf dem Gipfel des Piz Russein und blickte mit dem Fernrohr in die Runde. «Nebenbei blieb es mir nicht verborgen, welche topologischen Entdeckungen am Tödi und dessen Umgebung noch zu machen seien. Eine grosse Zahl von Punkten war noch unbesucht. Man besass fast keine Nachrichten von den Gletschern Gliems, Puntaiglas und Frisal; unerstiegen war der Bifertenstock, der doch eine wahrhaft kühn herausfordernde Stellung behauptet; unbekannt war der Rücken des langgedehnten Selbsanft. Dies alles überwältigte mich. Meinen schwachen Kräften konnte ich die Erforschung dieser Gegenden allein nicht zutrauen und so reifte in mir der Gedanke an eine Association.» Die Idee lag in der Luft. Englische Herren hatten 1858 in London den Alpine Club gegründet und stürmten in sportlichem Wettbewerb, von einheimischen Führern und Trägern begleitet, Gipfel um Gipfel der Alpen. «Goldenes Zeitalter des Alpinismus» sollte man später die Zeit zwischen der Erstbesteigung des Wetterhorns im Berner Oberland durch Alfred Wills im Jahr 1854 und Whympers Sieg am Matterhorn 1865 nennen.

Schon acht Jahre früher war Simler nach Linthal gekommen, um die Schwefelquellen des Stachelbergbades chemisch zu analysieren, und hatte den Plan gewälzt, «den schönsten Berg der nordöstlichen Schweiz» zu besteigen. «Mir fehlten weder Muth noch Kräfte; aber die bedeutenden Auslagen (gegen 200 Fr. dachte ich mir) untersagten mir zum grössten Verdrusse das Unternehmen.» 1861 lernte er im Stachelberg den Kaufmann Georg Sand aus St. Gallen kennen, einen «kühnen Touristen», und vereinbarte mit ihm und seinem Führer Heinrich Elmer eine Besteigung des Tödi. Simler hätte gerne Thomas Thut engagiert, «einen der Entdecker des Tödiweges», doch Elmer duldete keinen Konkurrenten neben sich. «Dieser Charakter gefiel mir», schrieb Simler später; er engagierte für sich «den bekannten Sandpassführer Gabriel Zweifel von Linththal», von dem er aber keine hohe Meinung hatte. Nach der «lebhaften Theilnahme an der sonntäglichen Soireé dansante» im Stachelberg brechen die Herren mit ihren Führern zur Sandalp auf, wo sie im Wildheu übernachten.

Später als Sand und Elmer erreichen Simler und sein Führer andertags den Grat zwischen Russein und Glarner Tödi, bei guten Verhältnissen auf der bekannten Route durch die Schneerunse. «Ich fasste nun sogleich den Entschluss, nach dem noch unerstiegenen Russein aufzubrechen. […] Man biegt im Bogen um, nach Süden zu,

Nach der «lebhaften Theilname an der sonntäglichen Soireé dansante» liessen sich die Herren auf den Berg führen. Historische Partie oberhalb der gelben Wand; Postkarte, um 1900 (links). Der Führer Heinrich Elmer aus Elm duldete keinen Konkurrenten neben sich. Dieser Charakter gefiel Simler (rechts).

und gelangt bald auf einen giebelförmig zugeschärften Firn, über den man balancierend hinwegschreiten muss. Hier zeigte es sich, dass Gabriel Zweifel kein Hochgebirgsführer war. [...] Zweifel versagte auf einmal den Vortritt und überliess es mir zu gehen, wohin ich wolle. Wir banden uns daher mit Hülfe des Seils auf 20 Fuss Distanz zusammen, und nun schritt ich vorsichtig, jedoch unerschrocken dem noch nie betretenen Ziele zu.» Nach einer Eisstufe erreichen sie um fünf vor elf Uhr den Gipfel. «Der stolze Rusein, der langjährige und eigentliche Gegenstand der Sehnsucht von Spescha und Hegetschweiler, er war besiegt! Dank dir, oh Phöbus Apollo! Dank deiner Huld!»

Simler betrachtete sich als eigentlichen Erstbesteiger der höchsten Spitze des Massivs. In seinem Buch «Der Tödi-Rusein und die Excursion nach Obersandalp», das 1863 erschien, versuchte er den Beweis zu führen, dass seine Vorgänger zwar auf dem Tödi gewesen waren, aber niemals auf dem Piz Russein, und entfachte damit eine Kontroverse, die sich fünfzig Jahre dahinzog. Obwohl Simler sein Buch als «Schriftchen» bezeichnete, «das flüchtige Geschreibsel einiger Mussestunden, während welcher ich trachtete, von den Arbeiten des Tages und ernsteren Studien mich zu erholen», setzte er sich darin in Szene als wahrer Eroberer, der nicht nur den Berg besiegt, sondern in grosszügiger Pose Namen verteilt: «Ich erlaube mir daher die Ruhestation auf der Höhe der gelben Wand, von der aus man unmittelbar das 3. Firnplateau betritt, [...] ‹Hegetschweilers Platte› zu nennen.» Auch vor dem Pater aus Trun verneigt sich Simler: «Jener Durchgang der Zukunft, jenes nahezu 11 000 Fuss über Meer gelegene Felsenthor zwischen Stockgron und Piz Mellen – es heisse fortan die Placiduspforte; oder – um auch der romanischen Sprache gerecht zu werden: Porta da Spescha.»

Auch er selber kam zu Ehren. Der Verbindungsgrat zwischen Russein und Glarner Tödi heisst heute «Simlergrat». Nicht im Andenken an die behauptete Erstbesteigung, sondern an die Idee zur Gründung des Alpen-Clubs, die in dieser luftigen Höhe in ihm reifte.

Schliesslich treffen auch Sand und Elmer ein, die zuvor «siegestrunken» weit über den östlichen Glarner Tödi hinausgeeilt sind. Man winkt mit einer roten Fahne ins Tal, die Badgäste im Stachelberg antworten

Zu Ehren des Alpen-Club-Gründers: Der flache Simlergrat verbindet die Kuppe des Glarner Tödi (links im Bild) und den Piz Russein (rechts hinten). Vorne der Sandgipfel, die selten betretene dritte Spitze des Massivs, hoch über den Abgründen der Nordost- und Nordwestwand.

mit einer «colossalen, aus rothen Tischteppichen zusammengesetzten Fahne». Nach dem Verzehr einer «gutgebratenen Gans nebst einer Flasche Medoc» macht man sich auf den Abstieg. Eigentlich hat Simler gegen Westen in die Val Russein absteigen wollen, doch mit seinem Führer Zweifel mag er die Überschreitung nicht riskieren.

Im folgenden Jahr verschickte Simler «Kreisschreiben» an die «Bergsteiger und Alpenfreunde der Schweiz» in Basel, Chur, Genf, Glarus, Luzern, Neuenburg, Lausanne, St. Gallen und Zürich. Am 19. April 1863 versammelten sich «35 schweizerische Berg- und Gletscherfahrer» im Bahnhofbuffet Olten und «konstituiren sich zu einem Schweizer Alpenclub». Simler wird Zentralpräsident. «Zum Festorte für das gleiche Jahr 1863 wurde Glarus erkoren, wo sich neben Bern und Basel die lebhafteste Teilnahme für unser Unternehmen kundgab, und man bezeichnete zugleich das Glarner Hochland, speziell die Gletscherreviere des Tödi und der Clariden, als erstes von Vereins wegen zu befahrendes Gebiet.»

Simler starb zehn Jahre später an einem Leberleiden, erst 40-jährig. Kurz vor seinem Tod widmete er seinem «Dichter-Freunde» Jakob Vogel aus Glarus ein sehnsüchtiges Gedicht «An den Tödi-Rusein». Doch es war still geworden um den Gründer des SAC. Sein Tod erschien im Jahrbuch des Clubs bloss als lakonische Mitteilung der Sektion Uto, zu deren Vizepräsident er gewählt worden war. «Leider jedoch starb dieser noch vor Ablauf des Jahres.» Erst nach hundert Jahren erinnerte Chronist Paul Sieber an den Gründer des Alpen-Clubs und fragte sich, warum er nicht einmal Ehrenmitglied des Vereins geworden sei. «Vielleicht, weil er schon ein Jahr nach der Gründung des SAC Bern verliess und aus dem Gedächtnis der Aktiven verschwand.»

Die Sprache der Eroberer

«Angriff des Schweizer Alpenclub»

Die Pioniere waren Forscher und Eroberer zugleich. Der Berg war für sie Laboratorium und Feindesland, was in ihrer Sprache deutlich zum Ausdruck kommt. Bernhard Vögeli bezeichnet seine Ausrüstung als «Waffen», und selbst Pater Placidus a Spescha, dessen Verhältnis zu den Bergen von Demut geprägt ist, gibt einer «hohen Standesperson», die mit ihm den Piz Urlaun im Tödigebiet besteigen will, zu bedenken: «Hohe Berge einzunehmen gleiche hohe Festungen einnehmen: diese nehme man nicht anderst, als mit Muth, Stärke, Gefahr und Kunst ein.» «Der stolze Rusein, er war besiegt!» schreibt Rudolf Theodor Simler über den Augenblick, als er den Gipfel betritt.

Das erinnert an die berühmte Aussage von Edward Whymper nach der Erstbesteigung des Matterhorns im Jahr 1865, die mit dem Tod von vier Begleitern endete. «Das Matterhorn war ein hartnäckiger Feind, wehrte sich lange, teilte manchen schweren Schlag aus, und als es endlich mit einer Leichtigkeit, die niemand für möglich gehalten hätte, besiegt wurde, da nahm es als heimtückischer Gegner, der überwunden, aber nicht zermalmt ist, eine fürchterliche Rache.»

Über die Erforschung der Tödi-Claridengruppe, des ersten «offiziellen Clubgebiets» des SAC, berichtet Simler in einem «Generalbericht» im Jahrbuch 1864: «So war denn der Schreiber genöthigt, erst im Hauptquartier Stachelberg auf gut Glück hin seinen Generalstab zu bilden.» Der erste Präsident des Clubs sieht sich also gleichsam als Oberbefehlshaber einer Truppe, die den Berg angreift. «Ich muss jetzt die Clubisten begrüssen und den Tagesbefehl ausfertigen.» Er muss «inspicieren» und «Kriegsrath halten». Bloss «von der sonst vor jedem Feldzuge üblichen Beeidigung wurde abgesehen, [...] nachdem die Eintheilung in Detachements stattgefunden hat.» Schliesslich wird das Tödigebiet Ziel des «Angriffs des Schweizer Alpenclub». Was Simler dann etwa so rapportiert: «Detachement I, Section 2, kantonnirte in der Clubhütte am Grünhorn. [...]

«Der stolze Rusein, er war besiegt!» Generalstabsmässig erforschte der Alpen-Club nach seiner Gründung im Jahr 1863 das Tödigebiet. Postkarte, nach 1910, und Tourismusprospekt, um 1935.

Aufbruch nach Tödi und Piz Rusein, Zusammenstoss mit Section 1 und gemeinschaftliche Feier des Sieges an der Porta auf dem Scheitel; nach dem Sandgipfel und retour zur Clubhütte am Grünhorn.» Auf dem Hintergrund dieses militärischen Denkens erscheint es konsequent, dass an der ersten Generalversammlung des SAC am 5. September 1863 ein General, nämlich der Kartograf und Befehlshaber der liberalen Truppen im Sonderbundskrieg, Guillaume-Henri Dufour, zum ersten Ehrenmitglied des SAC ernannt wurde.

Die Kontroverse um die erste Besteigung

«Die Priorität in Bezug auf Erreichung des Tödigipfels»

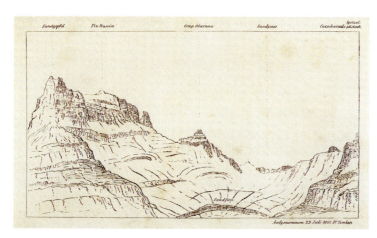

Rudolf Theodor Simler versucht in seinem 1863 erschienenen «Schriftchen» mehrfach den Beweis anzutreten, dass er als Erster die höchste Spitze des Tödimassivs, den 3614 Meter hohen Piz Russein, betreten habe – noch vor seinem Führer Gabriel Zweifel.

Die Erstbesteigung der Bündner Curschellas und Bisqualm glaubt er so widerlegen zu können: «Es unterliegt keinem Zweifel, dass die Überschreitung des Grates Rusein–Stockgron im Jahre 1824 durch die beiden Gefährten Speschas wirklich stattgefunden hat, und dass dieselben über den steilen und hohen Firnwall des Bifertengletschers empor bis auf die Sattelkante zwischen Rusein und Tödi gestiegen sind. [...] Dagegen bleibt es immer zweifelhaft, sogar unwahrscheinlich, dass die beiden wirklich auf einem der obersten Tödigipfel resp. auf der Ruseinplatte ihr Mittagsbrod verzehrt haben, sondern es spricht vielmehr alles

Von der Geschichte widerlegt: Minutiös dokumentierte Rudolf Theodor Simler seine vermeintliche Erstbesteigung des Piz Russein. Skizze des Massivs von der Alp Ober Sand (oben); Simlers «Schriftchen» von 1863 (unten).

dafür, dass sie sich begnügten, nach so vielen Mühseligkeiten auf dem Sattel angekommen zu sein. [...] Die Aussicht ist hier schon so unermesslich, das sie den weniger interessirten Bewohner der Berge vollkommen befriedigt.»

Die erste Besteigung des Glarner Tödi von 1837 dagegen anerkennt Simler: «Der ziemlich stumpfe Tödikegel der Glarner ist offenbar von den 3 Linthalern Vögeli Vater und Sohn und Thomas Thut und 8 Tage später von Dürler erreicht worden, das beweist der Umstand, dass sie Linththal und das Stachelberger Bad sehr deutlich erkannten und von dort aus Salutsignale empfiengen; auf dem Sattel wäre das nicht möglich gewesen.»

Dies wiederum bestreitet der bekannte Alpinist Melchior Ulrich, Privatdozent für Theologie in Zürich, indem er in seinem 1859 erschienenen Buch «Die Ersteigung des Tödi» behauptet, die Partie mit Bernhard und Gabriel Vögeli (Vater und Sohn) sowie Thomas Thut und Friedrich von Dürler sei 1837 nicht ganz auf dem Gipfel gewesen. «Seither ist kein Versuch mehr gemacht worden, bis es H. Statthalter Studer von Bern, H. Antiquar Siegfried von Zürich und mir in Begleitung von Thomas Thut, Gabriel Vögeli (der Vater Bernhard Vögeli ist 1848 gestorben) und Johannes Madutz gelang, Samstags den 13. August 1853 zum dritten Male den Gipfel des Tödi zu erreichen, oder vielmehr zum ersten Male, denn die beiden ersten Ersteigungen beschränkten sich auf das Firnplateau, das die drei Gipfel miteinander verbindet. Es war das erste Mal, dass die beiden Führer den eigentlichen Gipfel des Tödi betraten.» Mit dem «eigentlichen Gipfel» meint Ulrich den Glarner Tödi, denn gemäss seinem Bericht wandte sich die Partie auf dem Grat

nach Osten. Noch 1980 macht ein Nachkomme von Melchior Ulrich in einem Brief an Werner Luchsinger, den Verfasser der neueren Auflagen des SAC-Clubführers, geltend, sein Ururgrossvater habe den Tödi als Erster bestiegen.

Doch wie Professor Simler lässt es auch Professor Ulrich bei Behauptungen bewenden. Simler kanzelt Ulrich ab: «Die Expedition von 1853, bestehend aus den Herren Prof. Ulrich, Regierungsstatthalter Studer und Antiquar Siegfried, kann daher im Ernste nicht wohl die Priorität in Bezug auf Erreichung des Tödipfels beanspruchen. Dagegen darf ich die Ehre, den eigentlichen und höchsten Gipfel des Tödi, den kühn geformten Rusein, zuerst betreten zu haben, mit allem Rechte für mich und meinen kühnen Gefährten Herrn G. Sand jr. aus St. Gallen, überhaupt für die Expedition vom 30. Juli 1861 in Anspruch nehmen.»

Die Ehre, die sich Simler selber gibt, wird ihm später wieder streitig gemacht. So schreibt der Alpinist Andreas Ludwig 1908 in seinem Buch «Höhen und Tiefen in den Alpen»: «In erster Linie ist zu betonen, dass Pater Placidus a Spescha stets genau zwischen Russein und Glarner Tödi unterscheidet, so scharf, als ob es sich um zwei verschiedene Berge handelte. Wenn also Spescha sagt, dass er und sein Diener die beiden Jäger auf den Russein steigen sahen, so kann da gewiss kein Zweifel obwalten, es sei denn, man wolle die Wahrheitsliebe des schlichten Mannes überhaupt in Frage ziehen.»

Später relativiert Simler selber seine Behauptung. Forstinspektor Coaz aus Chur hat den greisen Augustin Bisquolm in Disentis aufgesucht und über die Erstbesteigung befragt. Das veranlasst Simler zur «interessanten Mitteilung» im Jahrbuch 1864 des SAC, Bisquolm und Cur-

Der Gipfelkranz der Tödigruppe
von Osten gesehen.

schellas hätten «direkt vom Bleisasverdasgletscher aus die Besteigung des Piz Rusein versucht und ausgeführt. [...] Sie hatten sowohl Hände als Füsse mit Steigeisen bewaffnet.»

Dass Heinrich Speich-Jenny, Th. von Hallwyl und H. von Sprecher mit den Führern Thomas Thut (Vater und Sohn) und Gabriel Vögeli am 8. August 1859 den Glarner Tödi und anschliessend den Piz Rusein bestiegen haben, erwähnt Simler ebenfalls mit der Bemerkung «wenn ich mich nicht irre», geht jedoch nicht weiter darauf ein. Immerhin schreibt Speich in einem Bericht in der «Glarner Zeitung»: «Nach fast zweistündigem Aufenthalt auf dem Glarner Tödi, bei milder Temperatur, spazierten wir noch auf den Russein, die Krone des Berges, um die Aussicht noch mehr gegen Süden zu geniessen.» Stimmt diese Aussage, so handelt es sich um die erste Besteigung des Piz Russein von Norden – zwei Jahre vor Simler.

Der Bündner Historiker Friedrich Pieth und Pater Karl Hager, Professor an der Klosterschule Disentis und begeisterter Alpinist, gehen in ihrer 1913 veröffentlichten Spescha-Biografie ausführlich auf

Kompliziertes Massiv, verzwickte Geschichte. Darstellung im ersten Jahrbuch des Schweizer Alpen-Clubs von 1864.

die Kontroverse ein und kommen zum Schluss, dass die Aussicht, wie sie Curschellas und Bisquolm beschrieben haben, nur vom Russein aus möglich sei. «Ortschaften des Glarnerlandes können nur auf einem der beiden Gipfel selbst überschaut werden; der umfassende Blick auf die Sandalp und das Russeintal ist ausserdem nur vom Russeingipfel aus möglich. [...] Der kritisch veranlagte und durch eine mehr als 40-jährige alpinistische Tätigkeit erfahrene alte Spescha war nicht so naiv, dass er sich durch seine ‹Gemsjäger› einen ‹Bündnerbären› aufbinden liess.»

Eduard Näf-Blumer, Verfasser des SAC-Clubführers durch die Glarner Alpen, vertrat schon 1903 diese Auffassung. Vierzig Jahre nach Simlers vermeintlicher Erstbesteigung des Piz Russein widerlegt die offizielle Geschichtsschreibung des SAC seinen Gründer – vielleicht ist das der wahre Grund, dass ihn der SAC nie zum Ehrenmitglied gemacht hat.

Walter Gröbli (1852–1903), Salomon Zweifel und die ersten Skialpinisten

«Versessen, im Winter den Gipfel zu erreichen»

Extrembergsteiger der alten Schule: Der Mathematikprofessor Walter Gröbli (oben) und sein Führer Salomon Zweifel (unten) bestiegen 1881 als Erste den Tödi im Winter und fanden drei Jahre später einen Aufstieg durch die Nordwestwand zum Sandgipfel (rechte Seite unten). Skipionier Christoph Iselin am 12. Januar 1902 auf dem Sandpass am Tödi (rechte Seite oben).

Nächste Doppelseite: Der Tödi ist nichts für Anfänger. Grösstes Hindernis bildet im Winter der zweite Abbruch des Bifertenfirns links der gelben Wand; auch auf der Abfahrt bleibt man hier am Seil.

Am letzten Tag des Jahres 1881 stapfen zwei Männer durch mehligen Schnee auf den Tödigipfel, den sie sechs Stunden nach ihrem Aufbruch in der Grünhornhütte erreichen. Die Sicht ist gleich null, ein heftiger Wind weht. Doch: «An Umkehr denken wir nicht, wir sind zu sehr darauf versessen, den Gipfel zu erreichen», schreibt Professor Walter Gröbli aus Zürich, der mit dem Führer Salomon Zweifel erstmals im Winter den Tödi bestiegen hat. Er ist allein nach Linthal gekommen, nachdem er vergeblich versucht hat, einen Gefährten für das kalte Unternehmen zu finden. Auf dem Gipfel schreiben sie ihre Namen auf einen Zettel und stecken ihn in eine Flasche, dann machen sie sich auf den Rückweg, rutschen die Schneerunse hinab, die sie im Aufstieg durch die rechtsufrigen Felsen umgangen haben. Einer fällt in einen Spalt, kann sich retten, dann spuren sie talauswärts durch tauende Lawinenhänge. Genau sechs Stunden nach dem Aufbruch vom Gipfel sind der Führer und sein Gast wieder im Tierfehd, wo im Hotel Tödi fröhlich Silvester gefeiert wird.

Ein paar Wochen später führt Salomon Zweifel die St. Galler Touristen C. W. Keller und C. Eugster und den Träger Streiff über den Gipfel und durch die Porta da Spescha ins Russeintal und hinab nach Disentis, in ähnlich kurzer Zeit.

Walter Gröbli eröffnete mit Salomon Zweifel drei Jahre später eine erste Route durch die Nordwestwand auf den Sandgipfel. Er war Privatdozent für Mathematik und mathematische Physik am Polytechnikum in Zürich, später Mathematiklehrer an der Kantonsschule und einer der erfolgreichsten Alpinisten seiner Zeit, ein einfacher, wortkarger Mensch mit unerhörter Kondition. Die Nordwestwand schafften die beiden in gerade 7 ½ Stunden. Mit den berühmten Führern Sepp Innerkofler und Peter Knubel überschritt Gröbli 1897 das gesamte Monte-Rosa-Massiv an einem Tag. Den Tödi bestieg er sechs Mal – und wie dem Tödipionier Friedrich von Dürler wurde ihm ein einfacher Berg zum Verhängnis: Auf einer Bergwanderung mit Kantonsschülern geriet er am 26. Juni 1903 beim Abstieg vom Nalpspass in die Val Cadlimo in eine Lawine, die sich an den Hängen des Piz Blas löste. Drei Kantonsschüler und Gröbli kamen ums Leben.

Blick vom oberen Teil des Aufstiegs zurück zum Bifertenstock, dem «Tödi-Zwilling».

Rechte Seite: Vom Schatten ins Licht. Am Piz Urlaun spielt die Sonne (unten); nach steilen Gletscherhängen öffnet sich unvermittelt der Blick nach Norden zum Glärnisch und zum Säntis in der Ferne (oben).

Ski waren noch unbekannt in den Alpen, als Gröbli und Zweifel den Tödi im Winter bestiegen, doch das sollte sich rasch ändern. Christoph Iselin, Führerchef der Sektion Tödi und Oberst im Militär, begann im Winter 1892/93 mit selbst gefertigten Ski zu experimentieren, angeregt durch Fridtjof Nansens Buch «Auf Schneeschuhen in Grönland». Im folgenden Winter übte man auf Ski, die man aus dem norwegischen Christiania importiert hatte, unter der Anleitung des norwegischen Ingenieurs Olaf Kjelsberg, der in Winterthur arbeitete, und des norwegischen Studenten Krefing. Die beiden Obersten Christoph Iselin und Jakob Jenni bestiegen dann schon am 8. Januar 1893 den 2299 Meter hohen Schild im Glarnerland und fuhren nach Mühlehorn am Walensee hinunter – diese erste alpine Skitour leitete eine rasche Verbreitung der neuen alpinen Disziplin ein und machte das Glarnerland zu ihrem Zentrum. Der Schreiner Melchior Jakober begann, Ski aus Eschenholz zu fertigen, und stellte sie als einziger Schweizer Skifabrikant an der Landesausstellung 1896 in Genf aus. Sattler Josef Jacober lieferte die Bindungen dazu, produzierte später selber Ski, Haselstöcke und Schlitten in grossem Stil und erfand die Skikanten. Eine seiner Bindungen, die er laufend verbesserte, trug den Namen «Tödi».

Im Winter 1898/99 wurden in Linthal einige Bergführer ins Skifahren eingeführt. Einer von ihnen, Jost Zweifel, führte im Februar 1911 erstmals einen holländischen Gast mit Ski auf den Tödi.

Die Hütten und ihre Erbauer

«Über die Hütte wölbt sich der Genius des Guten»

Umgetauft: Die Puntegliashütte der Sektion Winterthur des SAC trug ursprünglich den Namen ihres Stifters Reinhart. Nach einem Beschluss des Verbandes musste er jedoch geändert werden (oben). Titelseite der Festschrift der Sektion Tödi des Alpen-Clubs, 1913 (unten).

Die ersten Alpinisten übernachteten meist in Alphütten im Heu, liessen sich von den Sennen verköstigen und verschafften ihnen damit ein Zugeld. Die Klagen über die hohen Preise und die schlechte Unterkunft waren allerdings notorisch. Rudolf Theodor Simler schrieb über die obere Sandalp: «Es war Abends 6 Uhr, als wir bei den Hotels anlangten. Dieser Name ist, beiläufig gesagt, nicht einmal so ungerechtfertigt, denn die eine wie die andere Sennerei lässt sich von den Besuchern für Nachtquartier, Heizung und Licht gar nicht übel bezahlen.» In der Bündner Sage «Die Jungfrau mit dem Golde» werden die Sennen der Alp Russein für ihre Habgier bestraft. Die fremde Schöne, die Gold und Glück bringt, entschwindet ihnen wieder (Text S. 59).
Johannes Hegetschweiler verfiel auf der Sandalp geradezu in depressive Stimmung: «Immer mehr ergriff uns der Ernst dieser Umgebung. Das einsame Geläute der Herde, die melancholische Sennhütte, in der, in Rauch und Schmutz, wie Menschen aus einer andern Welt, die rauhe Versammlung der Sennen unser harrte.»
Julius Becker, einer der ersten Präsidenten der Sektion Tödi des SAC, klagte in einem Bericht: «Die Lagerstätte für die Menschen war meistentheils so gewählt, dass sie sich über den Schweineställen befand und dass nur lange Gewohnheit es möglich machte, den so nöthigen Schlaf zu finden. Touristen genossen das Grunz- und Schreiconzert während der ganzen Nacht gratis.»
Becker leitete den Bau mehrerer Hütten, unter anderem der **Fridolinshütte** am heutigen Normalaufstieg von Norden zum Tödi. Sie ersetzte 1890 die **Grünhornhütte** an der gleichen Route, die erste alpine Unterkunft des SAC, die aber auch heute noch benutzt werden kann. Für den Auf-

Die Jungfrau mit dem Golde

Auf der Alp Russein arbeitete ein Senn mit seinen Gehilfen. An einem Sommermorgen öffnete sich plötzlich die Tür, und herein trat eine fremdartige und doch Vertrauen erweckende Frau. In reichen Wellen fielen ihre Haarflechten über die Schultern, und in ihren Händen trug sie ein Gefäss, und im Gefäss funkelte flüssiges Gold. «Jeder soll davon erhalten, so viel ihm beliebt, hüte sich aber, auch nur einen Tropfen zu verschütten.» Zwei der Sennen waren genügsam, als sie ihr Gefäss einmal gefüllt hatten; der dritte aber war geizig und habsüchtig. Er wollte immer mehr, so stolperte er und verschüttete ein wenig vom Golde, und – Gold und die fremde Frau entschwanden den Blicken der Sennen.

Nach: Sagen der Schweiz, Graubünden, Ex Libris, Zürich, 1986

«Die rauhe Versammlung der Sennen» – die bergsteigenden Herren aus dem Unterland beklagten sich oft über die hohen Preise, den Rauch und den Schmutz in den Alphütten, die ihnen als Unterkunft dienten. Aufnahme des Fotografen Joachim Mercier, um 1910.

stieg von Westen dient die **Planurahütte** am Planurafelsen westlich des Sandpasses. Nimmt man den Berg von Süden aus der Surselva in Angriff, so dient die **Camona da Puntéglias (Puntegliashütte)** als Unterkunft.

Die Idee für die **Puntegliashütte** geht auf Pater Placidus a Spescha zurück. Am 25. August 1793 besteigt er zum ersten Mal den 3218 Meter hohen Piz Urlaun im Süden des Tödi in einem Tag. Auf diesem Gewaltmarsch begleiten ihn Johann Lucius von Salis, Baron von Haldenstein, und drei junge Herren. Den Gipfel jedoch erreicht Spescha allein, seine Begleiter bleiben erschöpft zurück. Er schreibt: «Ich legte zwar diese Bergreise an einem Tag zurück; ich mißrathe aber einem Jeden, mich hierin nachzuahmen; denn die Reise ist überspannt. Man kann zwar heutzutage ein dürftiges Nachtlager in den Erzhütten einnehmen. Wollte man aber von da aus den Russein ersteigen, so müsste nächst am Thalglätscher eine Hütte gebauet werden. Die Unkosten dabei würden nicht abschröckend werden. Die Materialien zum Kalkbrennen wären im Thal 1 ½ Stunden davon entfernt; Sand würde man am Rand des Glätschers genugsam finden; folglich wäre es leicht möglich, dort ein Unterdach aufzurichten für gelehrte Reisende und sich zur Nothdurft mit Lebensmitteln zu versehen. Wohlriechendes Heu könnte man in der Nähe verschaffen und das Übrige herbeitragen lassen. Und wenn man auch die beschneiten Berge nicht ersteigen wollte, würde es ein Unrecht sein, den Genuß der gesunden und fröhlichen Alpennatur zu haben?
Wäre ich aber so vermögend, dies wichtige Werk zu Gunsten der gelehrten Welt zu Stande zu bringen, ich würde kein Jahr vorübergehen lassen, es anzufangen.

«God bless the SAC for building the jolly hut», schrieben englische Alpinisten ins Hüttenbuch. Am Grünhorn, hoch über dem Bifertengletscher, steht die erste alpine Unterkunft des Clubs (Postkarte, um 1910) vor der atemberaubenden Szenerie der Nordwestwand von Bifertenstock und Schiibe (rechte Seite).

Allein es gibt noch andere Mittel und Wege, durch welche man dahin gelangen könnte, wenn man nur des Beifalls und der Beihilfe dazu versichert wäre.»
Mittel und Wege, am Puntegliasgletscher eine Hütte zu bauen, fand erst 1908, also 115 Jahre später, die Sektion Winterthur des SAC. Ein Legat von 5000 Franken des Industriellen und Sektionspräsidenten Paul Reinhart-Sulzer sowie Beiträge der Zentralkasse des SAC deckten die Baukosten von 11852 Franken und 80 Rappen. Zu Ehren des Sponsors nannte man sie «Reinharthütte». Der Name musste allerdings später geändert werden, als der SAC beschloss, seine Hütten sollten keine Personennamen tragen – der Glarner Heilige Fridolin und der Geologiepapst Albert Heim gehören zu den wenigen Ausnahmen.

An Hegetschweilers «grünes Horn» kam 1863 die **Grünhornhütte** als erste alpine Unterkunft des SAC zu stehen, ein Stützpunkt im ersten Exkursionsgebiet des neu gegründeten Vereins. Den Plan entwarf Jean Jenny-Ryffel, Fabrikant aus Schwanden, Gründungsmitglied des SAC und ein bedeutender Sozialreformer des Glarnerlandes. Jenny leitete auch die Bauarbeiten. Die Hütte war rechtzeitig bereit, von zwölf Mann, meistens Führern, errichtet, die sich mit 6 Franken Taglohn für die damalige Zeit recht gut bezahlen liessen. Ein Fabrikarbeiter verdiente etwa 2 Franken 50. Die «Nachtstation» bestand nur aus Trockenmauern in einem Geviert von 2 mal 3 Metern, das Dach bildete eine Harzdecke, die bei Bedarf über das Dachgerüst gebreitet und mit Steinen beschwert wurde. SAC-Zentralpräsident Simler hätte die Hütte lieber höher oben gebaut, über der Schneerunse auf der Hegetschweilerplatte, aber offenbar wurde er überstimmt. Er selber übernachtete am 12. August 1863 als einer der ersten Gäste nach der Überschreitung des Tödi durch die Porta da Spescha und fand «Quartier und Einrichtung vorzüglich».

Andere Gäste waren anderer Meinung, und schon im Jahr darauf musste die Hütte mit einem Blechdach, einer Türe und einem Ofen nachgerüstet werden – allerdings ohne Kamin, was wiederum zu Klagen führte. Die Sektion Tödi, welche für die Grünhornhütte verantwortlich war, stattete sie in der Folge immer besser aus. Sie erhielt einen Kamin, Pritschen und als Decken «alte Drucktischtücher» aus der damals in Blüte stehenden Stoffdruckindustrie. Der Club ging mit dem Geld

Holz oder Stein? Das war eine der Fragen, welche die Hüttenbauer beschäftigten. Die erste Fridolinshütte der Sektion Tödi war ein Holzbau, nach schlechten Erfahrungen mit den Maurerarbeiten am Grünhorn.

Rechte Seite: Die Planurahütte des Glarner Architekten Hans Leuzinger ist ein interessantes Beispiel des Neuen Bauens im alpinen Raum. Sie wurde 1930 noch ohne Helikopter und Baumaschinen in Schwerstarbeit errichtet.

haushälterisch um und konnte sogar die Harzdecke für 60 Franken weiterverkaufen. Übernachten war zu Beginn noch gratis. Die Linthaler Führer waren verpflichtet, jedes Jahr frisches Lagerheu und später jedes dritte Jahr Stroh zu liefern, eine Auflage, die zu gelegentlichem Streit mit der Sektion Tödi führte. Holz musste jeder selber mitbringen.

Schon bald verschwanden aus der Hütte Decken; Besucher bedienten sich am Wein und Proviant von Touristen, die am Tödi unterwegs waren. Und das, obwohl der erste Sektionspräsident Caspar Hauser im Hüttenbuch appelliert hatte: «Jeder Besucher dieser Stätte wird beherzigt, dass das Asyl als ein Denkmal edlen Gemeinsinns und ein Monument begeisterter Triebe für die Alpenwelt erscheint. [...] Ich war stets der Meinung, dass nur solche Menschen in die Firnregionen vordringen, welche wirkliche Liebe zur Hochgebirgswelt empfinden, und daher alles, was der Erreichung solcher Genüsse dienstbar ist, zu schätzen wissen. Die Hütte ist als ein Gemeingut des alpenwandernden Volkes zu betrachten, sie steht jedem offen, dem Reichen wie dem Armen, und nimmt alle unter ihr gastliches Dach, über sie wölbt daher auch der Genius des Guten jenes Volkes.»

«God bless the SAC for building the jolly hut», schrieben T. G. Smith und M. Smith aus London ins Hüttenbuch, die vom 20. auf den 21. August 1867 mit zwei «Linthal Guides» in der Grünhornhütte logierten. Die britischen Alpinisten jener Zeit waren offenbar recht anspruchslos, obwohl sie durchwegs der «upper class» angehörten. Auch der bekannte Alpinist Reverend James John Hornby, Mitglied des Londoner Alpine Club, «found the hut very comfortable».

Schon 1870 musste die Grünhornhütte umgebaut und 1873 das Dach geschindelt werden. Julius Becker, der den Umbau leitete, schildert eindrücklich das Leiden bei den Arbeiten am Grünhorn. «Schlechtes Wetter, renitente, frierende und hungernde Maurer, nicht erscheinende Kalkträger, verschwindende Wasserträger werfen das Bauprogramm und den Kostenvoranschlag, welchen er [der Architekt] zu Hause bei warmem Ofen so sauber und nett zu Papier brachte, den Herren des Sectionsvorstandes vorlegte und genehmigen liess, erbarmungslos über den Haufen. [...] Die Maurer, für die Arbeit in dieser Höhe schlecht mit Kleidern versehen, leiden durch Frost und wunde Hände wegen des ätzenden Kalkes und Cämentes, suchen alle möglichen Vorwände, um des Accordes ledig zu werden, und drohen mit Heimgehen. [...] Seit mehreren Tagen von der dichtesten nassen Bise eingehüllt, waren wir durch Unwetter und Sturm am Arbeiten verhindert, unsere Kleider durchnässt, unsere Nahrungsmittel zusammengeschmolzen, der Holzvorrath ziemlich aufgezehrt. Wir krochen abends mit den Eistrotteln an den Hosen ins nasse Heu und das feuchte Lager.»

Die Grünhornhütte machte den Tödi zum eigentlichen «Modeberg» der zweiten Hälfte des letzten Jahrhunderts. Die Über-

nachtungszahlen stiegen von 40 jährlich bis 100 gegen Ende des Jahrhunderts. Die Sektion Tödi baute deshalb als Ersatz die **Fridolinshütte** auf dem Bifertenalpeli, eine Stunde unter dem Grünhorn. Sie wurde am 17. August 1890 eingeweiht und erhielt ihren Namen zu Ehren des Glarner Schutzpatrons und zweier Gönner, Fridolin Brunner und Fridolin Jenny-Dürst, welche einen Teil der Baukosten von 5057 Franken trugen. Wegen der schlechten Erfahrungen mit den Maurerarbeiten auf grosser Höhe liess Becker die Hütte aus Holz bauen. Die Grünhornhütte wurde aber noch immer benutzt, weil sie näher am Gipfel, aber auch dem strengen Regiment eines Hüttenwarts entzogen war. Klagen wie: «Decken in skandalösem Zustand! Hütte in Unordnung angetroffen. Miserabel, Pfannen rostig, Küchengeschirr nicht abgewaschen, Boden nicht aufgewischt» füllten das Hüttenbuch. Trotzdem mochte der Alpen-Club seine erste Hütte nicht zerfallen lassen, wie gelegentlich gefordert, sondern renovierte sie immer wieder. «Aus Pietätsgründen», wie der Chronist der Sektion Tödi, Rudolf Bühler, schreibt.

Die Ordnung in den Hütten blieb ein leidiges Thema, an dem sich oft der Streit zwischen Einheimischen, Bergführern und führerlosen Fremden entzündete – Leuten, «von denen man wenigstens Sinn für Ordnung und Anstand sollte erwarten können», wie 1896 Mitglieder der Sektion Tödi über einen Besuch von Studenten des eben gegründeten Akademischen Alpen-Clubs Zürich in der Fridolinshütte meinten. Zwei Jahre später führte ein Hüttenbesuch von Zürcher Akademikern in der Glärnischhütte sogar zu einer juristischen Auseinandersetzung zwischen der Sektion Tödi und Mitgliedern des AACZ «wegen Einbruchdiebstahl, Eigentumsschädigung und Brandstiftung». Die Beschuldigten wurden nach einer Strafklage der Sektion Tödi «gleich Verbrechern von Geheimpolizisten angehalten und zur Hauptwache gebracht». Sie bestritten die Vorwürfe und bekamen vor Gericht schliesslich Recht. Die Strafklage im so genannten «Glarnerhandel» wurde sistiert, gegenseitige Ehrverletzungsklagen zurückgezogen. Trotz eines «Boykotts der Glarner Alpen durch die Mitglieder des AACZ» erschlossen diese in den kommenden Jahren die schwierigsten Routen am Tödi.

Die zweite Fridolinshütte, vom bedeutenden Glarner Architekten Hans Leuzinger geplant und am 15. Juli 1923 eingeweiht, bestand wieder aus Stein und bot Unterkunft für 40 Personen, die Holzhütte mit 35 Plätzen blieb jedoch stehen. Ein architektonisches Denkmal setzte sich Leuzinger zehn Jahre später mit der **Planurahütte** am Planurafelsen über dem Sandpass, die endlich einen bequemen Zustieg zur Tödi-Westwand ermöglichte. Mit dem Pultdach und der abgerundeten Fassade wirkt der Steinbau auch heute noch überaus modern. Leuzinger entwarf auch das Kunsthaus in Glarus und war Begründer und Obmann des Glarner Heimatschutzes und der Denkmalpflege.

Wie die Puntegliashütte wurde auch die Hütte am Planurafelsen durch einen wohlhabenden Sponsor ermöglicht: Der Schweizer Konsul in New York, Robert Schwarzenbach-Fröhlicher, hörte in Braunwald von dem Vorhaben und spendete 50000 Franken. Schwarzenbach verstarb jedoch vor der Einweihung am 2. August 1931. Seine Frau nahm daran teil. Der Bau der Planurahütte beendete die touristische Erschliessung des Tödigebiets. Fast alle schwierigen Wände und Grate waren bestiegen, Skitouren auf den Gipfel Routine geworden. Der Berg war gezähmt.

Babette Zweifel-Aebli (1897–1994)

«Eine Hüttenwärtin braucht keinen Mann und keinen Hund»

Elf Jahre Dienst in der Fridolinshütte und nie auf dem Gipfel, obwohl es ihr sehnlicher Wunsch war: Babette Zweifel, erste Hüttenwärtin am Tödi.

Der Name Tödi steht für Qualität aus dem Glarnerland. Reklamen aus den 1930er- (oben) und 1920er-Jahren (unten).

Babette Zweifel stellte ihre Frau, obwohl der alpine Männerbund bei ihrer Einstellung als Hüttenwärtin der Fridolinshütte im Jahr 1938 grosse Bedenken hegte. «Mann» befristete ihren Vertrag auf ein Jahr und versah ihn mit der Klausel, ihr fristlos und ohne Grund kündigen zu können. Sie blieb elf Jahre auf der Hütte, erwirtschaftete schon im ersten einen kleinen Gewinn und konnte die Besucherzahlen auf 800 pro Jahr verdoppeln. Sie schaffte Porzellanteller mit Alpenblumendekor und der Inschrift «Sektion Tödi» an, Matratzen und hundert Wolldecken mit dem eingewobenen Kürzel des Clubs.

Eines Tages kam eine Gruppe von der Planurahütte herüber, gab Spaghetti ab und meinte, sie solle sie aber weicher kochen als der Hüttenwart dort drüben. Sie musste lächeln, denn in der Planura wartete ihr Ehemann Jean Zweifel. Es war die Zeit, als Touristen ihren Proviant noch meist im Rucksack zur Hütte buckelten und Suppen, Schüblinge und Spaghetti zum Kochen abgaben, wofür die Hüttenwärtin ausser der Holztaxe keine Entschädigung verlangen durfte. Ihr Lohn betrug 17 Franken im Tag, aufgebessert durch 10 Prozent der verkauften Speisen und Getränke – Alkohol ausgenommen. Sie musste das Holz selber beschaffen und transportieren, die Hütte putzen, den Weg unterhalten, Küchentücher und Kopfkissenbezüge waschen, kleine Reparaturen ausführen und, und [...] Und Spesen für ihren eigenen Unterhalt gab es keine.

Trotzdem sagte sie später im Altersheim in Linthal: «Wäni e Miliu Frangge hetti, würdi di alti Fridlihütte chaufe und dr Summer det obe plybe.» Millionärin ist sie nicht geworden, und die alte Hütte, die man während ihrer Amtszeit sogar aufgeben wollte, wäre wohl auch nicht so viel wert.

Ob zum Gipfel oder zum Klo. Den richtigen Weg zu finden, gehört zur Kunst des Bergsteigens.

Rechte Seite: Die neue Fridolinshütte auf dem Bifertenalpeli direkt unter der Ostwand des Tödi (oben). Angenehme Überraschung nach anstrengender Tour ist ein kühles Bad im Bergsee mit Blick auf den Bifertenfirn. Auf dem Felssporn rechts des Gletschers steht die Grünhornhütte (unten).

Nächste Doppelseite: Herausforderung für die akademischen Spitzenkletterer zu Beginn des 20. Jahrhunderts. Links der Glarner Tödi mit den Hängegletschern über dem Röticouloir der Ostwand. Rechts der Sandgipfel mit dem wilden Nordgrat und der dreiecksförmigen Nordostwand.

Nicht nur die Herren vom Vorstand, sondern auch die Bergsteiger mussten sich erst an eine Frau in der Hütte gewöhnen. Babette Zweifel erinnert sich: «Eines Nachts hörte ich in der Küche Stimmen. Ich stand auf, zog mich an und stand alsbald vor vier wackeren Herren, die mich sogleich einem Kreuzverhör unterzogen, ob ich allein sei, ob wirklich mein Mann nicht da sei, ob Touristen anwesend seien, ob ich einen Hund habe, und sie hätten die eindeutig zweideutige Fragerei sicher noch fortgesetzt, wenn ich nicht meinerseits bestimmt und ruhig gefragt hätte, ob ich es mit Touristen oder mit wilden Tieren zu tun habe. ‹Natürlich mit Touristen!› Worauf ich: ‹Also braucht eine Hüttenwärtin auch keinen Mann und keinen Hund!› Und darnach kochte ich den nett gewordenen Touristen Tee und Suppe.»

«Eine Zweierpartie beabsichtigte, den ‹Akademiker› am Bifertenstock hinauf- und durch das Schaufelbergercouloir hinunterzusteigen und wieder in die Hütte zurückzukehren. Deshalb liess sie einen Teil der Ausrüstung und des Proviants in der Hütte zurück. Der Aufstieg erfolgte, aber die Rückkehr nicht mehr. Ich war darob sehr beunruhigt und fragte wegen ihres Verbleibens auch nach, jedoch erfolglos. Erst nach vielen Wochen schickte mir der Sektionspräsident eine an ihn gerichtete Karte zu, auf der ihm die zwei Alpinisten mitteilten, sie wären heil in Disentis angekommen, und ihn ersuchten, für die Rücksendung der deponierten Sachen besorgt zu sein. Jetzt wusste ich wenigstens vom guten Ausgang der Tour. Zwei Jahre später kehrten die beiden wieder in der Fridolinshütte ein. Ich erkannte sie sogleich, aber jetzt bekamen sie etwas von mir zu hören ...»

«Eines Vormittags kehrte ein Tourist ein, der noch gleichentags auf den Tödi wollte! Ich riet ihm dringend davon ab, aber er war gänzlich uneinsichtig und meinte, wenn etwas passiere, dann könne die Rettungsmannschaft ihn ja zurückbringen, die Bergführer würden sowieso genug dafür verlangen. Jetzt packte mich der Zorn. Ich stellte mich vor ihn hin und herrschte ihn an: ‹Die Kinder der Bergführer haben auch nur einen Vater und die Frauen nur einen Mann!› Der Tourist musste schliesslich froh sein, dass ihm nicht andere Touristen handgreiflich das Ungehörige seines Vorhabens erklärten.»

Babette Zweifel wäre selbst gerne auf den Tödi gestiegen, erinnert sich ihr Sohn. «Das ist immer ihr Wunsch gewesen. Aber es ergab sich halt nie die Gelegenheit.» Als Kind sei sie schwach gewesen, «ein Serbel». Trotzdem wurde sie 97 Jahre alt.

Nach einem Text von Heinrich Stüssi im «Neujahrsboten für das Glarner Hinterland 1985».

Dr. h. c. Heinrich Stüssi, alt Lehrer und Lokalhistoriker in Linthal, Redaktor und Herausgeber des «Neujahrsboten für das Glarner Hinterland». Für seine historischen Studien wurde er mit einem Ehrendoktor der Universität Basel ausgezeichnet.

Tödi und Russein. Aquarell von Bryan Cyril Thurston, o. J., 12,5 × 18 cm.

> Du Tal des Tödi bist vom Tod der Traum. Hier ist das Ende.
> Die Berge stehen vor der Ewigkeit wie Wände. Das Leben löst sich von
> dem Fluch der Zeit und hat nur Raum, nur diesen letzten Raum.
>
> Karl Kraus

Vom Tod der Traum

Der Tödi hat die Dichter fasziniert. Seine düstere Aura, die Abgeschiedenheit der Täler an seinem Fuss, darüber schwebend der Gipfel, der himmelhoch glitzert und lockt. «Auf dem Gletschertisch dort oben sitzen die Göttinnen und Götter beisammen», schrieb der Schriftsteller Werner Wiedenmeier, der in Diesbach fast zuhinterst im Tal der Linth lebt. «Er heisst Tödi. Soll das die Verkleinerungsform von Tod sein? Tödlein?»

Schon vor zweihundert Jahren machte sich Heinrich Zschokke, der Aargauer Dichter und Politiker, auf, den Gipfel zu versuchen. Nach seiner Rückkehr schrieb er: «Das Abenteuer war bestanden. Ich bin wieder in Zürich, und niemand freut sich herzlicher darüber als ich selbst. Ich werde acht oder vierzehn Tage die Stube hüten müssen, denn der linke Fuss ist mir geschwollen. Wahrscheinlich ein Andenken vom Tödi und meinen Schnürstiefeln.»

Viele Pioniere griffen nach ihren Besteigungen zur Feder und kleideten ihre Erlebnisse und Erfahrungen, den überstandenen Schrecken und das Glück auf dem Gipfel in eindringliche Worte. Der Tödi hatte sie verschont, ihnen nicht den Tod gebracht, der in seinem Namen schwingt, sondern neues Leben geschenkt, sie zu Dichtern gemacht. Die Nähe zum Tod kommt in vielen dichterischen Töditexten zum Ausdruck. Dass das erste Bergopfer ein Literaturprofessor war, ist sicher ein Zufall. Entscheidend geprägt hat der Tödi jedoch das Werk von zwei grossen Schweizer Dichtern: Hans Morgenthaler verlor im Biwak auf dem Bifertenfirn seine Finger durch Erfrieren, unweit der Schneerunse, in der wenige Jahre zuvor der Vater des Dichters Meinrad Inglin zu Tode gestürzt war. Und für den Wiener Schriftsteller Karl Kraus, der im Hotel «Tödi» im Tierfehd am Drama «Die letzten Tage der Menschheit» schrieb, war das Tal des Tödi «vom Tod der Traum».

Hugo Wislicenus (1837–1866)

«Betritt die pfadlose Öde nie ohne kundige Führer»

Der erste Tote am Tödi: Literaturprofessor Hugo Wislicenus wollte von Linthal über den Sandpass nach Graubünden wandern, verirrte sich im Nebel und stürzte bei der Grünhornhütte ab (oben). Sein Ausgangspunkt war der Gasthof «Tödi» im Tierfehd, der noch heute mit seiner Abgeschiedenheit wirbt (unten).

Am 7. August 1866, morgens sieben Uhr, verliess Hugo Wislicenus, Privatdozent für Sprache und Literatur an der Universität Zürich, den Gasthof «Tödi» im Tierfehd hinter Linthal. Er beabsichtigte, ohne Führer über den Kisten- oder den Sandpass nach Graubünden zu wandern. Der Wirt erteilte ihm den Rat, wenigstens vom obern Staffel der Alp aus, welche er zum Übergang wähle, einen Alpknecht als Führer mitzunehmen, was er versprach.

Nachdem Wislicenus nicht nach Zürich zurückgekehrt war, erschienen am 15. August sein Bruder Johann und sein Schwager im Gasthof «Tödi», um nach dem Vermissten zu suchen. Sie stiegen mit dem Führer Jakob Stüssi auf die obere Sandalp, wo der Verschollene gesehen worden war. Er hatte beabsichtigt, über den Sandgrat ins Bündnerland zu wandern, war jedoch zur Alphütte zurückgekehrt und hatte nach der Grünhornhütte gefragt.

Die Alpknechte sahen ihn nachmittags um vier Uhr auf dem Wege dorthin in der «Röti», bevor ihn starker Nebel verschluckte. In der Nacht erhob sich ein Schneesturm.

Bei den Nachforschungen fand man Fussspuren und Spuren eines Bergstockes, was annehmen liess, dass der unglückliche Wanderer auf dem Bifertenfirn in einer Eisspalte oder im Unwetter der Nacht umgekommen war. Die Angehörigen setzten für sein Auffinden oder für Hinweise eine Belohnung von 400 Franken sowie die Barschaft des Vermissten aus – damals der halbe Jahreslohn eines Fabrikarbeiters.

Am 26. August, einem Samstag, durchforschten die drei Führer, Vater und Sohn Thomas Thut und Jost Zweifel, den Absturzgletscher vom Tödi gegen die Biferten, in dem sich viele Kläcke (Spalten) befanden. Sie fanden sichere Spuren, dass Wislicenus sich hier durchgearbeitet hatte. Die Führer machten sich dann gegen die Grünhornhütte auf, die vorher schon zweimal besucht worden war.

Zwei Steinwürfe von der Hütte entfernt entdeckten Zweifel und die Thuts unterhalb des Weges in einer Risi (Runse) den Toten, der teilweise überschneit war. Er lag auf dem Rücken, den Kopf oben, die Füsse unten, in einer Lage, die annehmen liess, dass

er seit dem Todessturz von einem Schneerutsch hinab gestossen worden war, denn oben am Wege fand man ein Reisebuch und die Tasche, nicht aber Hut und Bergstock. Die Bergführer markierten die Fundstelle mit einem Bergstock und einem Papier mit Datum und Namen des Opfers. Am Sonntag wurde der Leichnam ins Tierfehd gebracht und die Obduktion vorgenommen. Der Gerichtsarzt stellte keinerlei tödliche Verletzungen fest. Der Tote war gut erhalten, nur am Schädel hatte er eine leichte Hautwunde, hingegen zeigten die Schürfungen an den Händen, dass er sich während des Sturzes noch gewehrt hatte. Der Befund lautete, dass Wislicenus, durch Müdigkeit und Hunger aufs Äusserste erschöpft, nach dem Fall betäubt worden und dann bei der starken Kälte erstarrt sei. Schon am Montag wurde er auf dem evangelischen Friedhof in Linthal beerdigt. Die Eltern, zwei Brüder und Schwestern, Verwandte, Freunde, Kurgäste aus dem Bad Stachelberg, die Gemeindebehörden und «ein grosser Teil der Bewohner Linthals» folgten dem Sarg des ersten touristischen Todesopfers, das der Tödi gefordert hatte. Die Abdankung hielt Pfarrer Bernhard Becker, ein bekannter Sozialreformer, der sich auch als Journalist und Schriftsteller einen Namen gemacht hatte. Unter dem Eindruck des Unglücks verfasste Becker ein Gedicht, «der Tödi».

Eine Polemik entfachte in der Folge ein Bericht in der «Neuen Glarner Zeitung», der die lokalen Bergführer beschuldigte, sie hätten es «unterlassen, aus eigenem Ansporn auf die Entdeckung des Verunglückten auszuziehen». Mutmassungen, wer wann den Anstoss zur Suche gegeben oder unterlassen habe, wurden via Zeitung hin- und hergeschoben, selbst unter den beteiligten Führern. Die Sektion Tödi liess in der Nähe der Grünhornhütte eine Ge-

denktafel anbringen. «Er war ein guter Mensch, ein treuer Sohn und Bruder. Wanderer, gedenke seiner und betritt die pfadlose Öde nie ohne kundige Führer.»

Die Familie schenkte der Gemeinde Linthal 500 Franken mit dem Zweck, aus den Zinsen arme Angehörige von in den Bergen Verunglückten zu unterstützen. Das Geld fand aber kaum je Verwendung, deshalb löste die Gemeinde den Fonds 1988 auf, der in über hundert Jahren auf 57 337 Franken angewachsen war, und führte das Geld sozialen Zwecken zu.

Nach einem Text von Heinrich Stüssi im «Neujahrsboten für das Glarner Hinterland 1990».

Gedenktafel für Hugo Wislicenus am Weg zur Sandalp (oben). Den halben Jahreslohn eines Arbeiters offerierte seine Familie für das Auffinden des geliebten Sohnes (unten). Erst drei Wochen nach seinem Verschwinden fanden Linthaler Bergführer den Toten – und wurden in der Presse beschuldigt, zu spät zur Suche aufgebrochen zu sein.

Nelly Zwicky (1872–1946) und die ersten Frauen am Berg

«Auf einem kahlen Riesenschädel»

Der Tödi blieb lange ein Männerreservat, obwohl schon 1869 eine Engländerin in Rekordzeit auf den Gipfel stieg. Die Glarner Pfarrerstochter und Dichterin Nelly Zwicky soll die erste Einheimische auf dem Gipfel gewesen sein. Doch die alpinen und die literarischen Historiker haben sie vergessen.

«Bist du der Atem des Todes?», fragte die Dichterin Nelly Zwicky den Wind auf dem Gipfel des Tödi (Text S. 76). Nelly – eigentlich Charlotte Cornelia – Zwicky wuchs auf dem glarnerischen Kerenzerberg am Fusse des Mürtschenstocks auf, und als sie um die Jahrhundertwende auf dem Gipfel des Tödi stand, als erste Glarnerin, sah sie in der Ferne «die zerrissene Felseninsel» ihrer Jugend aus dem Nebelmeer ragen. Auf dem «kahlen Riesenschädel», «in dieser Welt des Todes», hielt sie Zwiesprache mit der «Harfe des Windes». Eine romantische Pfarrerstochter war sie, aus der zweiten Ehe des Kaspar Lebrecht Zwicky, der Pfarrer in Betschwanden, Obstalden auf dem Kerenzerberg und Bilten war – und der unter dem Künstlernamen «Friedrich Bergmann» Gedichte und Mundarttexte verfasste. Zwicky hatte drei Töchter, alle blieben unverheiratet, malten und schrieben. Die Älteste, Fanny Augusta, aquarellierte auch wiederholt den Tödi. Auch sie soll den Berg bestiegen haben, vielleicht zusammen mit ihrer Schwester Charlotte. Genaue Daten sind nicht bekannt.

Charlotte schrieb unter dem Pseudonym Nelly Bergmann historische Novellen und Gedichte. Der Titel der Erzählung «Die Rote Wand», die 1903 in der Zeitschrift «Schweizer Familie» in Fortsetzungen erscheint, weckt die Erwartung, es handle sich um einen Tödiroman, bei dem das Felsband aus Rötidolomit, das sich durch die Tödi-Ostwand zieht, eine Rolle spielt. Doch es ist ein dramatischer Heimatroman um einen Bergsturz im Stil ihres Zeitgenossen Ludwig Ganghofer. Nelly Zwicky war verbunden mit den Bergen, Fotos zeigen sie als amazonenhafte Gestalt im eleganten Kleid mit Puffärmeln und Stehkragen, auf den kurzen Haaren sitzt eine kecke Baskenmütze. Ihr energischer Blick und der Eispickel, locker in der rechten Hand, dokumentieren ihre alpinistischen Neigungen. Als Nelly Zwicky 1946 starb, im Alter von 74 Jahren, betonten Nachrufe vor allem ihre karitative und erzieherische Tätigkeit, unter anderem als Sonntagsschullehrerin.

Der Tödi ist ein Männerberg. Männer haben ihn erobert und gezähmt. Der Alpen-Club, dessen Taufstein der Tödi war, duldete

Romantisch überhöht wie die Erzählungen ihrer Schwester Nelly wirkt das Tödi-Aquarell (o. J., 22,5 x 15,7 cm) von Fanny Augusta, der ältesten der drei Pfarrerstöchter vom Glarner Kerenzerberg, die alle unverheiratet blieben und sich künstlerisch und sozial betätigten.

Nächste Seite: Tödi, Aquarell von Fanny Augusta Zwicky, o. J., 19,8 x 12,8 cm.

noch bis ins Jahr 1978 keine Frauen als Mitglieder. Und kein Alpinhistoriker hat sich je die Mühe genommen, nach der ersten Frauenbesteigung zu forschen. Gemäss dem Hüttenbuch der Grünhornhütte war die erste Frau auf dem Gipfel die Engländerin Fanny Maitland. «Slept in hut with two mice.» Trotz der zwei Mäuse ruhte sie gut genug, um am 13. Juli 1869 den Gipfel in viereinhalb Stunden zu erreichen, zusammen mit ihrem Ehemann James R. G. Maitland und drei Linthaler Bergführern. Ihrem Führer stellte sie das höchste Lob aus:

«Albrecht Zweifel took the greatest care of me, any lady would be quite safe under his guidance.»
Dass die erste Frau auf dem Tödi eine Engländerin war, ist kein Zufall. Die Britinnen waren schon im 19. Jahrhundert emanzipierte Bergsteigerinnen, allen voran Lucy Walker, die 1871 als erste Frau das Matterhorn bestieg, oder Gertrude Bell, die 1902 mit zwei Führern die Nordostwand des Finsteraarhorns durchstieg. In der Schweiz hingegen blieb die Skepsis gegenüber kletternden Damen noch lange bestehen.

Die erste Glarnerin auf dem Tödi

«Bist du der Atem des Todes?»

Nelly Zwicky

Auf der Grenze, wo der Wilde Mann der Bündner und der Heilige Fridolin der Glarner einander die Hand reichen, ragt ein Berg, dessen breite Gipfel nur für kurze Zeit schneefrei sind. Ein grosser, fast ebener Gletscher schmiegt sich an sie. Nach der Westseite stürzt er in wilden Wänden ab. Seine Zinnen sind mit Trümmern bedeckt, glattgeschliffen von Schneemassen, reingefegt von den Stürmen unmessbarer Zeiten. Sie gleichen kahlen, fahlen Riesenschädeln, zwischen denen Klüfte gähnen. Keine Veränderung gibt es in dieser Welt des Todes, ausser der von Sommer und Winter, von Tag und Nacht. Hier kann die geheimnisvolle Harfe klingen. Sie hat nur eine Saite; denn was du hörst, das hat keine Melodie; es ist ein einziger langgezogener Ton von reiner Musik, auf allen Höhen derselbe.

Als ich dort oben Zwiesprache mit ihm halten durfte, behielt seine Rede auch diesen einen leise singenden Ton, crescendo und decrescendo.

«Deine Stimme passt zu diesen bleichen Häuptern», wagte ich ihn erschauernd anzureden, «sage mir, bist du der Atem des Todes?»

«Mitnichten. Der Tod atmet nicht. Ich bin der grosse Einklang, der Bruder der uralten Wasser, die vor dem Schöpferwort die dunkle Erde bedeckten. Ich bin nur da, wo nichts mein Sausen hemmt – auf den Gebirgen und über den weiten, einsamen Steppen. Wollte ich in eure Täler zwischen Hügel und Wälder und Wohnstätten niedersteigen, so müsste meine Harfe zerbrechen, und du würdest mich nicht wieder erkennen. Ich muss bis an das Ende der Tage von dem verlorenen Einklang der Urzeit singen.»

«Darum ist deine Stimme so rein. Ich weiss, dort unten im Tal, das jetzt vom Nebel verhüllt ist, werde ich nie wieder vom Heimweh nach ihr frei werden.»

«Da hast du recht. Jede Seele, die mir verstehend gelauscht hat, muss dieses Heimweh tragen.»

Ich verstummte und hörte den Heimatlosen über die fahlen Riesenschädel in die Ferne wandern.

Aus: «Die Garbe», Schweizerisches Familienblatt, Februar 1940.

«Dichter am Tödi»

Mit Tödi-Gedichten könnte man Bände füllen. Schon 1870 liess die Sektion Tödi ein Büchlein mit «Blüthen klubistischer Dichtung» drucken. Jakob Vogel, ein Dichter aus Glarus, den man den «Vogel von Glarus» nannte, widmete dem Tödi romantische Reime, die Rudolf Theodor Simler kurz vor seinem Tod zu einer lyrischen Antwort in der «Alpenpost» bewegten. Auch heute noch finden Bergsteiger für ihre Erfahrungen, Gefühle und Visionen poetische Ausdrucksformen – wie etwa der Extremkletterer, Fotograf und Künstler Felix Ortlieb aus Schwanden (rechts).

Tödihorn FO94

Vom letzten Strahl des Abends hold umflossen,
Harrt still der Tödi auf das Nah'n der Nacht;
Ein Silbermantel, purpurübergossen,
Wallt um die Schultern ihm in voller Pracht.

Da steht er, der in jedem Sturm Gefeite,
Der Tausende begeistert und entzückt;
Die Riesenmutter Zeit hat die geweihte
Urkrone selbst ihm auf das Haupt gedrückt! . . .

Er blickt empor zu jenen blauen Fernen,
Es glänzt im Aethermeer sein Demantschild;
Er flüstert traulich mit des Himmels Sternen,
Sie lächeln zu ihm nieder lieb und mild . . .

Aus seinem Herzen Silberthränen rinnen,
Noch leise spielend mit dem Abendschein;
Da hüllt allmälig ihn und seine Zinnen,
Die Nacht mit ihrem Zauberschleier ein . . .

Vogel von Glarus.

Tödi

es war im Tal
vor unserer Zeit
es lebten da Götter
und
die stritten

sie kämpften
um das Höchste
um das Schönste
in der Welt
um das

Tödihorn

das Horn ging dabei zugrunde
und das
für immer

heute
wenn der Föhn
über die tote Öde
des eisigen Altars heult
und tief im Tal
die Köpfe stürmt
spürt man wieder
das Jagen
und
das Klagen
nach dem Höchsten
nach dem Schönsten
in der
Götterwelt

XXV.
An den Tödi-Rusein.

Seinem Dichter-Freunde *Vogel von Glarus* gewidmet in Erwiderung auf seine jüngste liebliche Anregung.*)

Sei mir gegrüsst du stolze Firnenzinne,
Du Gletscherhochwacht in dem Glarnerland!
Wie strahlst Du heut, bezaubernd meine Sinne,
Im Morgenglanz und weissem Festgewand!

Dein hehres Haupt zum Aether aufgehoben
Und überragend Deiner Brüder Schaar,
So hast Du mächtig mich emporgezogen
Als ich noch Jungmann voller Thatlust war.

Wie galt es damals ein titanisch Ringen
Um den Olymp auf Deinen Wolkenhöh'n!**)
O Jugenddrang mit Deinen Adlerschwingen
Und Deinem Sprudelmuth — wie warst Du schön!

Ja, glücklich, wem der kecke Sturm gelungen,
Wer Deine Silberstirne hat geküsst;
Er hat vergebens nicht um Dich gerungen,
Hat ungelohnt von Dir nicht fort gemüsst!

So fasst denn wieder mich erneutes Sehnen,
Wenn Du so blinkst im eisigen Kürass;
Erinnernd will ich nochmals jung mich wähnen — —
Ich grüsse Dich — Du himmlischer Parnass!!

Zürich, den 15. Juni 1873.   *R. Th. Simler.*

Meinrad Melchior Inglin (1864–1906)

«Die Arbeit, die das Schicksal in zwei Sekunden vollbracht»

Der «Frühstücksplatz», eine Felsplatte am Übergang zwischen der Gelben Wand und dem Bifertenfirn. Der heutige Normalaufstieg vermeidet die gefährliche Schneerunse, doch kann die Randkluft ein heikles Hindernis bilden. Die Markierung dient der Orientierung im Abstieg vom Gipfel (oben). Hier muss eine Felsstufe erklettert werden (unten).

«Achtung! Steinschlag!» Dieser Schrei gellt am 7. August 1906 morgens um Viertel nach elf durch die Schneerunse. Die Stimme geht unter im Poltern und Pfeifen der Steine, welche durch den steilen Schlund prasseln, in dem sich zwei Seilschaften im Abstieg befinden, alles bestandene Herren aus Schwyz, geführt vom Linthaler Bergführer Thomas Wichser. Eine dritte Seilschaft mit zwei Zürchern und dem Führer Jakob Schiesser ist bereits am Fuss der Runse in Sicherheit. Jetzt rutscht ein Tourist ab, reisst seine zwei Gefährten mit, doch Thomas Wichser bleibt standfest, hält das gespannte Seil. Die andern stürzen in eine Bachrunse zwischen Fels und Eis, bleiben liegen, einer hängt in der Luft. «Die Arbeit, die das Schicksal hier in der Zeit von 2 Sekunden vollbracht, ist eine grässliche», schreibt vier Tage später der «Bote der Urschweiz» in Schwyz. «Der Anblick der Gestürzten, die Hilferufe der Unverletzten, das Stöhnen der Verwundeten und das Bild des bedauernswürdigen Toten – das waren nach Aussage der Beteiligten Momente, die geeignet waren, das Blut zum Stocken zu bringen.»

Der Tote war Meinrad Melchior Inglin, Uhrmacher aus Schwyz, 42 Jahre alt, Oberleutnant im Militärdienst und passionierter Hochwildjäger. Ein hoch geachteter, bedächtiger Mensch, der noch im Mai zuvor an einer zerstrittenen Landsgemeinde die Wogen geglättet hatte. Für seinen Sohn Meinrad, dreizehn Jahre alt, wurde der plötzliche Tod zum dramatischen Wendepunkt im Leben, zur Bestätigung der «Erwartung eines immer drohenden Unheils», wie er sein Lebensgefühl als Halbwüchsiger im autobiografischen Roman «Werner Amberg» beschreibt. In diesem Werk schildert er, wie er auf der Holzegg unter den Mythen während der Sommerferien, die er «unverstellt und ungeschützt im paradiesischen Frieden dieser Bergwelt» verbrachte, vom Tod des Vaters erfährt (Text S. 81).

Die Bergwelt, in die ihn der Vater eingeführt hatte, ist ein grosses Thema von Meinrad Inglins Werk, eine Welt, in der «das immer drohende Unheil» stets gegenwärtig ist. Eine schöne, aber brüchige Welt, deren paradiesischer Friede sich in Sekunden in die Katastrophe verwandeln kann. Den Verlust des Vaters verarbeitete Inglin unter anderem in der Erzählung «Die Furggel». Ein Sohn wartet auf den Vater, einen Jäger, der allein den Gämsen nachsteigt und dabei auf einem steilen Grasband ausgleitet in den Tod. In der Kurzgeschichte «Drei Männer im Schneesturm» sind es drei hablische Bürger aus einem Dorf, die aufbrechen und in einem steilen Schneehang abstürzen – eine Situation, die an das Unglück in der Schneerunse erinnert.

Die Rettung der Verunglückten am Tödi vollzog sich für die damalige Zeit speditiv. In einer halben Stunde brachten die Führer mit Hilfe der Touristen den Toten und zwei

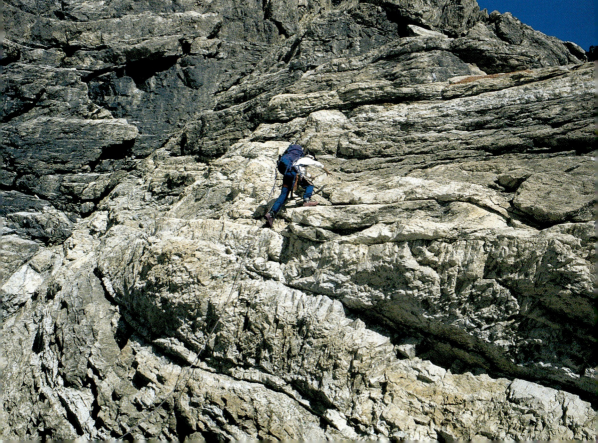

In den Fels gesprengt und mit Drahtseilen gesichert: Nach den tödlichen Unfällen in der Schneerunse von 1904 und 1906 legte die Sektion Tödi eine sicherere Route durch die Gelbe Wand an (oben), wie das schon am Tag nach Inglins Absturz die «Glarner Zeitung» forderte (unten).

Schwerverletzte aus der Steinschlagzone heraus, einer eilte ins Tal, um Hilfe zu holen. Abends um halb sechs Uhr machte sich in Linthal eine Rettungskolonne auf den Weg, anderntags um drei Uhr nachmittags traf sie mit den Verletzten im Tierfehd ein. Über Inglins Schicksal herrschte anfangs Verwirrung, traf doch im Laufe des Tages in Schwyz bei einer der betroffenen Familien ein Telegramm ein mit der Nachricht: «Sind glücklich vom Tödi abgestiegen.» Doch bald sprach sich herum, dass Meinrad Inglin noch auf der Unfallstelle an einem Schädelbruch gestorben war.

Diskussionen und Gerüchte gab es auch um die Ursache des Absturzes, blieb es doch stets unklar, «ob ein Fehltritt des einen in der vordern Gruppe, oder lediglich die Flucht vor dem Steinschlag der erste Anstoss war», wie die «Schwyzer Zeitung» rätselte. Der Auf- und Abstieg durch die Schneerunse war schon von den Pionieren gefürchtet, alle berichteten vom Hängegletscher, der über der steilen Rinne droht, von Stein- und Eislawinen. Zwei Jahre vor Inglin war an fast derselben Stelle der Bergführer Jakob Kubli aus Elm verunglückt. «Schon längst wurde in Clubisten- und Führerkreisen davon gesprochen, es sollten durch Felssprengungen die Gefah-

ren der Schneerunse herabgemindert werden; bis heute wurde noch nicht Hand an das Werk gelegt. Vielleicht gibt das gestrige Unglück die Veranlassung, dass dem Wort endlich die Tat folgt», kommentierte die «Glarner Zeitung». Schon 1893 hatte die Sektion Tödi an einem Felskopf in der Schneerunse Tritte aushauen und ein Drahtseil befestigen lassen, damit man den gefährlichsten Teil umgehen konnte. Steinschlag zerstörte die Einrichtung wieder. Das Projekt, einen eigentlichen Weg in den Fels zu sprengen, durch den man vor der Runse auf den Bifertenfirn ausweichen konnte, bestand bereits seit Kublis Unfall. Die Sektion Tödi wartete aber noch auf Subventionen des Zentralkomitees des SAC. Unter dem Eindruck von Meinrad Inglins Tod nahm man die Arbeit dann noch im gleichen Jahr an die Hand.

«Im Hochgebirge, wo man Glück oder Unglück haben kann»
Meinrad Inglin

Der Vater des Dichters Meinrad Inglin als Hochwildjäger (zweiter von links). Sein Tod am Tödi blieb für den Sohn ein lebenslanges Trauma, das er immer wieder literarisch gestaltete.

Da trieb mich eines Nachmittags ein heftiges Gewitter früher als sonst ins Haus zurück. In der Stube sassen Ausflügler, den Wirtsleuten bekannte Burschen und Mädchen aus dem nördlichen Hochtal, die hier Schutz vor dem Regen gesucht und Wendel gebeten hatten, ein bisschen aufzuspielen. Froh, dass sie rechtzeitig auf die Höhe und unter Dach gekommen waren, jodelten, tranken und tanzten sie, auch dann noch, als der Regen nachliess und die Sonne durch den Gewitterdunst brach. Ich sass in der Stube, vom zunehmenden Übermut angesteckt, und tanzte mit Fini, so oft ich sie erwischen konnte. Da trat die Wirtsfrau unter die Türe, ihre Augen suchten mich, und einen Atemzug lang blieb sie bei meinem Anblick wie bestürzt auf der Schwelle stehen, als ob ich mich auf eine unfassbare Art verändert hätte. Sie kam auf mich zu und sagte hastig, eindringlich: «Werner, du sollst herauskommen, es ist jemand da.» Noch nie hatte ich ihr verständiges, gutes, ruhiges Gesicht so erschrocken gesehen. Ich schaute sie an, ich stand langsam auf – und schon umschwankte das alte Vorgefühl einer plötzlichen, furchtbaren Wende meine übermütige Stimmung.

Draussen stand mein Vetter Kaspar, ich begrüsste ihn überrascht und rief in einem etwas zu lauten, zu unbekümmerten Tone: «Du, das ist aber fein, dass du mich da oben besuchst. Wie lang kannst du bleiben? Hast du den Photoapparat bei dir? Hier könnte man wunderbare Aufnahmen machen, ich werde es dir zeigen …»

Er liess mich reden, bis ich vor dem ungewohnten Ernst seiner sonst so heiteren Miene verstummte. «Ich kann nicht dableiben», sagte er dann leise. «Ich bin nur gekommen, um dich zu holen. Du musst zusammenpacken.»

«Mach keinen Spass!» widersprach ich heftig. «Die Ferien sind noch lang nicht zu Ende, zwei, drei Wochen bleib ich noch hier.»

«Ja, schon recht, aber du musst noch heute mit mir heimkommen!»

«Ach was! Komm du zuerst einmal herein und sitz ab, da geht's lustig zu!»

Ich zog ihn hinter mir her in die Wirtsstube, wo zwei Pärchen tanzten, stürzte mich auf Fini und schwang sie tanzend gewaltsam herum. Sie leistete Widerstand, Tränen brachen ihr aus den Augen, und auf einmal drückte sie mich fest an sich und sagte, stehenbleibend: «Ach, Werni!»

Im nächsten Augenblick stand ich allein da, der Tanz war aus, die Pärchen gingen an ihren Tisch. Fini flüsterte Wendel etwas zu, und Wendel blickte mich

Unglückliche Bergfahrt.

Dienstag abends durcheilte die Schreckenskunde Schwyz, daß am Tödi einige Schwyzer beim Abstieg verunglückt seien. Näheres war noch nicht zu erfahren, aber um so schwerer lastete die bange Furcht auf jenen Familien, von denen Angehörige Sonntag nachmittags 4 Uhr eine Bergfahrt nach dem Tödi angetreten hatten. Es befanden sich auf dieser Tour die HH. Oberlieutenant Meinrad Inglin, Gemeindesäckelmeister Jos. M. Ulrich, Konditor Franz Stadlin, Bankbeamter P. Nußbaumer, Handelsmann Xaver Schuler, Sohn, und Schmied Karl Weber. Hr. Dr. Jos. Weber-Eberle verreiste Mittwochs mit dem ersten Zuge ins Linthal. Endlich Mittwochs ist dann zögernd die Trauerkunde hier eingelangt, daß Hr. Inglin tot sei; Hr. Stadlin erlitt einen Oberschenkelbruch und Rückenverletzungen, ebenso Rückenverletzungen Hr. Ulrich, leichtere Verletzungen die HH. **Weber und Schuler**. Näheres über das Unglück bringen wir an anderer Stelle.

---

betroffen an; die Wirtin sprach mit ihrem Mann, und der Mann bewegte langsam den Kopf hin und her, die schmerzlich verkniffenen Augen immerfort auf mich gerichtet. Durch ein würgendes Schweigen abgesondert, sah ich dies alles. «Musik!» schrie ich und stampfte verzweifelt ein paar Tanztakte auf den Boden, aber da legte die Wirtsfrau den Arm auf meine Schultern und drängte mich hinaus, die Treppe hinauf, in meine Kammer.

«Zieh jetzt das bessere Gewand an!» sagte sie und begann meine Habseligkeiten in den Rucksack zu packen. «Was du nicht mitnehmen kannst, das bringt dir dann morgen jemand hinab. Musst dich in Gottes Namen drein schicken, dass ein Unglück geschehen ist ...»

Die «Schwyzer Zeitung» berichtet kurz nach dem Unglück vom 7. August 1906 über das traurige Ereignis.

Ich hörte nicht weiter auf die Frau, ich wusste genug, mehr wollte ich nicht wissen. Ich wusste, dass auch jetzt, wie früher, alles Schöne und Freudige wieder mit Schrecken, Angst und Trauer endete. Ich zog mich um, verstockt und taub gegen aussen, aber im Innern bebend vor dem Unheimlichen, das grauenhaft auf mich eindrang. Ich hing mir den Rucksack an und stieg so rasch die Treppe hinab, dass die Frau nicht folgen konnte, ich ging hinaus, ohne mich um die Leute zu kümmern, und schlug den Weg ins Tal ein. Hinter mir wurden Fenster geöffnet, jemand kam eilig vor das Haus, man rief mich zurück, man bat, ich solle doch einen Augenblick warten. Ich wandte mich nicht mehr um, ich wagte nicht, mich ihren Worten und Blicken noch einmal auszusetzen; grusslos, undankbar, scheu und trotzig wie ein Gezeichneter, dem nichts mehr helfen kann, ging ich von ihnen fort.

Kaspar holte mich ein und blieb an meiner Seite. Nach ein paar Worten, die ich nicht erwiderte, schwieg er, und wir gingen stumm über die Weiden in den Wald hinab. Als wir aber auf dem steinigen Weg zum Wald hinauskamen und das Dorf unter uns liegen sahen, sagte er: «Werner, musst dich halt jetzt auf etwas Trauriges gefasst machen. Dein Vater ist mit ein paar Freunden auf einer Bergtour gewesen [...] im Hochgebirge, weisst du, wo man Glück oder Unglück haben kann ...»

Ich ging schneller und schneller, um es nicht hören zu müssen. Er machte noch ein paar verlegene Andeutungen, dann verstummte er wieder. Wir kamen ins Dorf, die Leute blieben stehen und sahen mich an. Ich blickte starr vor mich hin und drängte weiter, um den Leuten aus den Augen zu kommen, und da trat zwischen den gewohnten andern Häusern unvertraut und beängstigend unser eigenes Haus hervor. Auf der steinernen Freitreppe hielt ich mich am Geländer, an der Haustreppe wollten mir die Knie versagen, ich stieg langsam hinauf und schlich verzweifelt in die Wohnstube.

Die Mutter verlor bei meinem Anblick jede Fassung, sie stürzte mit einem schrecklichen Gesicht auf mich zu, riss mich an sich und schrie schluchzend: «Werner, du hast keinen Vater mehr.»

Aus: «Werner Amberg», Roman von Meinrad Inglin, herausgegeben von Georg Schoeck. © Ammann Verlag & Co., Zürich 1990.

Hans Morgenthaler (1890–1928)

«Rache dem Tödi!»

Im März 1911 eröffnete ein Arzt dem Studenten Hans Morgenthaler, dass er an Syphilis leide. Eine Fehldiagnose, wie sich viele Jahre später herausstellen sollte. Eigentlich hätte er sich einer genaueren Untersuchung unterziehen sollen, doch er trotzte: «Ich ging stattdessen auf den Tödi.»
Hans Morgenthaler war als Sohn eines Fürsprechers in Burgdorf aufgewachsen und studierte an der Eidgenössischen Technischen Hochschule in Zürich Botanik. Er war Kandidat des Akademischen Alpen-Clubs Zürich AACZ, der 1896 gegründet worden war. Das Tödigebiet bildete eines der bevorzugten Tummelfelder von Mitgliedern des AACZ: Der Nordgrat, die Nordostwand und der gefürchtete «Akademikerweg» in der Nordwestwand des Bifertenstocks sind Routen der Zürcher Studenten und Professoren.

Am 12. März bricht Morgenthaler mit einem zweiten Club-Aspiranten unter der Führung von Franz Obexer und Maxwell Finch, zwei Mitgliedern der elitären Vereinigung, zur «Probetour» auf den Tödi auf, welche über die Aufnahme entscheiden soll. «Zwanzigjährige Trotzköpfe voll leidenschaftlichem, bodenlosem Idealismus.» Mit Ski und Fellen steigt man in der Nacht zur Fridolinshütte auf – wenige Wochen nachdem der Bergführer Jost Zweifel aus Linthal mit einem holländischen Gast erstmals mit Ski den Gipfel erreicht hat. Da können die Zürcher nicht zurückstehen. Erst gegen Mittag brechen die vier von der Fridolinshütte auf, gut ausgeschlafen, aber viel zu spät. Um Mitternacht erreichen sie den Russein. Bei der Abfahrt im Schneesturm stürzt Finch in eine Spalte, bei den Seilmanövern zum Herausziehen des Gefährten verliert Morgenthaler seine Handschuhe, was zum Erfrieren der Finger beider Hände im nachfolgenden Notbiwak auf dem Gletscher führt. Die amputierten Fingerglieder waren für den Schriftsteller fortan «das Erinnerungszeichen vom Tödi». Im Roman «In der Stadt», den er sich im Jahr 1926, bereits unheilbar an Tuberkulose erkrankt, «dem Tode abrang», wie ein Freund schreibt, schildert Morgenthaler die traumatische Tödibesteigung (Text S. 86). Doch «mit dem Unfall am Tödi war meine Liebe zu den Bergen nicht etwa erkaltet, sondern erst recht entbrannt».

Auf den Tödi statt zum Arzt – und dann mit erfrorenen Fingern ins Spital. Der Dichter Hans Morgenthaler (1890–1928) führte mit dem Tödi einen «ewigen Zweikampf». Als Erster wagte er sich mit einem Seilgefährten vom Akademischen Alpen-Club Zürich an die schwierigste Route, die Nordwestwand des Piz Russein.

Die Rache am Berg misslingt. Im Erzählband «Ihr Berge» gestaltete der Dichter das Abenteuer in brillanter Sprache. Umschlagentwurf, wahrscheinlich von Willi F. Burger, 1916 (oben). Im Eisschlund der Nordwestwand harrten Hans Morgenthaler und Walter Burger 1915 eine Nacht im Biwak aus, bis der Steinschlag nachliess und der Rückzug möglich wurde (rechte Seite).

Er kehrte zwei Jahre später zurück, jetzt als Präsident des AACZ, wieder auf den Ski, doch diesmal von Westen. «Rache dem Tödi», hatte er sich geschworen. Die Ski blieben auf dem Sandpass, die Westflanke erscheint ihm im Winter so leicht, dass er auf dem Gipfel fast enttäuscht war. In seinem ersten literarischen Werk, der Textsammlung «Ihr Berge», die 1916 erschien, schildert er die erste Winterüberschreitung des Tödi von West nach Ost. Dann folgt die atemberaubende Erzählung von der Rache des Bergs, «meines alten Tödi, mit dem ich seit Jahren den ewigen Zweikampf erlebe». 1915 versuchte Morgenthaler mit Walter Burger die schwierige Nordwestwand, in deren Eisschlund die beiden in einen Steinhagel geraten und nach einem Biwak abseilen müssen. Diese schwierigste Route am Tödi wurde erst Jahrzehnte später erstmals begangen. Morgenthaler war also trotz seiner verstümmelten Hände ein hervorragender Bergsteiger seiner Zeit.

Als Schriftsteller hatte er mässigen Erfolg. «Ihr Berge» stiess auf gute Kritik, schaffte einige Neuauflagen und eine Übersetzung ins Japanische. «Etwas Neues! Keine breiten Schilderungen länglicher Bergfahrten, kein Schwelgen in Klubhüttenromantik, tüchtig begossenen Gipfelfreuden und Kraxlerwitzen», lobte die NZZ.

Schwer kränkte den promovierten Botaniker, den bekannten Alpinisten und Schriftsteller, dass man ihn von einer schweizerischen Spitzbergen-Expedition zurückwies, weil man «keinen Krüppel gebrauchen könne». Er absolvierte ein Zweitstudium in Geologie, schürfte im Auftrag einer Schweizer Firma in Siam nach Zinn, Silber und Gold. Nach seiner Rückkehr 1920 verabschiedete er sich frustriert vom Alpinismus, warf im Abstieg von der Aiguille de la Tsa im Wallis Seil und Steigeisen in theatralischer Geste in einen Gletscherspalt. Denn «überlaufen waren jetzt die Berge von Leuten, die von der alten Heiligkeit nichts wussten, schwatzende Gesellschaften verschwitzter, zum Radiokonzert schmatzender Weibsbilder machten sich jetzt in den vergrösserten Klubhütten breit, wo früher ernste Männer im Widerschein der Abendsonne nach harter Tour, Gebete im Herzen, andächtig ihr Pfeifchen rauchten». Morgenthaler schrieb Bücher und Gedichte, geplagt von Geldnöten, der Tuberkulose und psychischen Störungen. Marguerite Schmid, die frühere Ehefrau von Walter Burger und Gefährtin auf gemeinsamen Bergtouren, umsorgte ihn in seinen letzten Jahren. Im März 1928, fast auf den Tag genau 17 Jahre nach seiner dramatischen ersten Tödibesteigung, starb Hans Morgenthaler.

«Hier wird's uns töten»
Hans Morgenthaler

Noch ist die Nacht hell wie der Tag. Aber wie wir jetzt etwa um ein Uhr früh mit grimmig entschlossenem Mut kaum dreihundert Meter unterm Gipfel ins Bassin des Bifertengletschers, ins nächtliche Wolkentreiben eintauchen, fällt's grausam über uns her. Ozeanwellen von Staubschnee und Wolken hüllen uns ein, jedes Sehvermögen erlischt, brüllend schlägt Sturm von der Gliemspforte, von der Bifertenlücke, vom ganzen Urlaungrat auf uns herab; wie mit nassen Peitschen geschlagen, schmerzt das Gesicht, orangerot, gelb wie bengalisches Licht, rot wie Widerschein von Feuersbrunst leuchtet für ein paar letzte Minuten der Mond durch den wirbelnden Rauch. Noch vermag ich, gebückt durch den Sturm kriechend, schnüffelnd wie ein Jagdhund die Aufstiegsspur zu erraten. «Das Seil gut gestreckt!:» Die Gletscherspalten kann man nicht einmal mehr ahnen. «He da! Aufgepasst!»

«Sind wir auf der Spur?» fragt einer von hinten. «Nur zu und möglichst rasch, möglichst tief hinunter!»

Skifahren am Seil ist bei Tage schon eine Kunst, die nicht jeder fertigbringt. Mit sturmblinden Augen, in tosendem Orkan, nachts auf dem Gletscher ist die Grenze des Menschenmöglichen bald erreicht. Hup, hup hüpft es davon ins Bodenlose, du hast die Bauchmuskeln steinhart gespannt, um Stösse zu parieren, ein Ruck durch das Seil und – schon liegst du im Schnee. «Auf, auf und hinunter!»

Der Hintermann am zweiten Seil, beim Aufstieg schon erschöpft, ist völlig zusammengebrochen. Von Skikünsten keine Spur mehr. Der Australier schleift ihn wie am Lasso durch den Schnee. Es beginnt steiler zu werden. Wahnsinnig, denke ich, in diesen Eishängen skifahren zu wollen! Wir müssen schon nahe dem obern Rand des Abbruches sein. [...] «Aufpassen! Gestrecktes Seil! Vorsichtig!» Mit kleinen Tritten schräg vorwärts und abwärts kantend, fühle ich einen Ski in der Luft. [...] «Achtung, Schrund!» Jetzt stürmt der Australier gewaltsam heran, brüllt gute Räte in den Wind, der die Worte an die Bifertenwand hinüberschmeisst, wo sie ohnmächtig zerschellen.

«Was brüllst du, Max?»

«Deckung vor dem Sturm suchen in einem Schrund!» kommandiert auf einmal klar hörbar die eiserne englische Stimme von hinten. Ich stolpere vor, falle rückwärts, stehe auf, falle wieder. Ich versuche gehorsam zu tun, was man mir befiehlt, aber umsonst: «Max, willst nicht du vorangehen? Es tut mir leid, ich weiss beim besten Willen nicht, wie man das macht – Deckung suchen in einem Schrund.»

Fahl, gelb, grünlich zieht eine Welle Mondlicht durch die brodelnde Wolkennacht, meine Sinne verwirrend. Maxwell, den erstarrten, gestrauchelten Kandidaten als Bremsklotz hintendrein schleifend, bewegt sich als gespenstische Silhouette etwa sechs Meter vor mir und etwas tiefer, schattenhaft ver-

zerrt im trüben Schein der dünstigen Nacht. Doch was ist jetzt nur das? «Ich kann den Max nicht mehr sehen!» will ich rufen. «Verdammt, wie blendet einen dieser dumme Sturm!» Ich versuche nochmals zu schauen, reisse die Augen von neuem auf. [...] «Herrgott, der Max ist wirklich verschwunden!»

«Meier, Seil halten!» brülle ich, stürze mit einem Satz auf den Maroden zu, ergreife sein Seil. Max ist in eine Spalte gefallen. Unsichtbar hängt er im Schrund. Kein Zoll ist mehr von dem schönen Engländer zu sehen. Was geschieht jetzt da Merkwürdiges vor mir? Wie eine Hand aus dem Grabe ragt plötzlich ein einzelner Ski in die Nacht herauf, zappelt hin und her, fliegt in die Luft, ein zweiter folgt und – fällt mit dem ersten zurück. Overreckt, mein Seilkamerad, hat unterdessen sich loszuknüpfen begonnen. Es gelingt ihm nur langsam, mit erstarrten Händen den Knoten zu lösen; aber nun bewegt er sich, das an mir befestigte Seil lose in der Hand haltend, auf die Spalte zu, die Max verschlang, vorsichtig bis dicht an deren Rand schleichend. Und jetzt schleudert er mit sicherem Wurf dem Maxwell, der immer noch unsichtbar im Schrund hängt, mein Seilende zu, ein Rucksack fliegt wie aus der Unterwelt herauf, fällt zurück, verschwindet für immer. Nichts bewegt sich mehr da vorne, nur Overreckt kauert im Schnee, und niemand würde ahnen, dass dort unterm Boden, unterm Schnee, ganz im Eis drinnen immer noch ein lebendes Menschenherz schlägt. Aber der zähe Australier im Schrund denkt trotz der abscheulichen Kälte, trotz des Seils und des Sturms, die ihm den Atem verschnüren, nicht ans Kapitulieren. Er hat inzwischen das Seilende, das Franzl ihm zuwarf, ein paarmal um einen Arm geschlungen und hängt nun wenigstens, statt nur an einem, an zwei starken, dicken Bergseilen. Und jetzt ruft Overreckt: «Ziehen!» «Ho, Ruck!» Der englische Kopf taucht neben Obexer auf. […] «Hoh, Ruck! Hoh, Ruck!» […] Max will bei aller Anstrengung nicht über den Rand der Spalte herauf. Der Schnee ist weich, die Seile schneiden ein. Unsere Kräfte erlahmen. Gut, dass er wenigstens nicht völlig in den Schrund zurücksinkt.

Der Max muss vor allem heraus! denke ich jetzt. Meine Handschuhe sind steinhart vereist. Ich streife sie ab. So kann ich ordentlich ziehen, und eine Viertelstunde nach seinem Verschwinden liegt der Australier keuchend und schnaubend neben uns.

«So … und jetzt weiter. Wir sind noch nicht zu Hause. In der Fridolinshütte wird's behaglicher sein zum Ausruhn.» Der Gletscher ist hier ungemütlich steil und eisig. Kaum eine schäbige Kruste Schnee klebt auf dem Eis. Franzl geht jetzt voraus.

«Hast du die Spur?»
«Nein!»
«Sie muss hier deutlich sein. Stufen im Eis kann der stärkste Sturm nicht verwehen.»
«Es geht nicht.»

Maxwell versucht's und – gibt auf: «Wir müssen den Morgen abwarten!»
«Hier wird's uns töten», murmle ich.
Glücklicherweise haben wir unsere Pickel. An dachjähem Eishang über dem Gletscherabbruch beginnen wir mühsam uns einzugraben. Eine horizontale Furche wird ins Eis geschnitten, langsam verbreitert, bergwärts ist sie nach einer halben Stunde schon einen Fuss tief.

«Jetzt grab du ein wenig, von Allmen!» keucht Franzl erschöpft. Ich will es versuchen, denke ich, mein Gott, und merke plötzlich, dass ich den Pickel nicht halten kann. Zum Teufel, meine Hände sind starr! Die Handschuhe, die ich ausziehen musste, gingen längst im Sturm verloren. Ich schwinge die Arme, reibe die Hände mit Schnee; das strengt an, tut weh und – hilft nichts. Ich kreuze die Arme über der Brust, strecke die Hände in den Kittel unter die Achseln. Aber jetzt zwickt mich der Sturm ins Gesicht, dass ich beinahe ersticke.

Noch ein wenig länger muss das Biwakplätzchen werden. Einer hackt, die andern warten. Wer den Kopf in die Furche dicht ans Eis streckt, kann, für Minuten vor dem Sturm gedeckt, ordentlich atmen. Endlich ist unser Einschnitt drei Meter lang, bergwärts fast einen halben

Federzeichnung des Tödi von Nordwesten von Hans Morgenthaler aus dem Buch «Ihr Berge», 1916.

Meter tief; einen Spreizschritt breit ist das Plätzchen fast eben, für bescheidene Ansprüche nicht nur ein Obdach, sondern für jene, die zu unterst liegen, zeitweise sogar fast windstill.

Schlotternd, die Arme vor den Gesichtern verschränkt, liegen vier Körper in pechschwarzer Nacht am blanken Eishang. Sturm heult, Orkan saust. Wollte man seine Hände in den Taschen bergen, waren diese zugefroren und voll Eis, und schützte man nicht in erster Linie seinen Kopf mit Hilfe der Ärmel, peitschte eiskörnerbeladener Sturm einem ins Gesicht, dass man erstickte. Grimmig drohten Sterben und Verderben. Seid ihr bereit?

Eigentlich sollte ich noch weiterleben, eigentlich hätte ich allerlei wieder gutzumachen, abzuwarten, aber – meinetwegen zugrunde gehen. Und doch: «Nein!»

Männerbund am Berg. Die «Probetour» zur Aufnahme in den Akademischen Alpen-Club geriet für Hans Morgenthaler zum Desaster. Federzeichnung aus dem Buch «Ihr Berge», 1916.

«Redet, Kameraden, rührt euch!» brüllte Overreckt in den Sturm. «Nicht schlafen! Schlafen ist Tod!» Meine Hände in den Taschen bergen, waren diese zugefroren machen. Ich versuchte es nochmals mit Fingerübungen. Die Gelenke versagten vollkommen. Schlimmstenfalls werde ich wenigstens frei vom Militärdienst, dachte ich. Wenn wir ganz einschlafen? Erfrieren? Wird man uns im Sommer finden? Keine grosse Wahrscheinlichkeit. Der Gletscher wird uns behalten. Wie Steine werden wir in ihm versinken und unsere Zukunft, unser Geheimnis, unsere – Schuld mit uns.

Unvermindert brüllt der Sturm. Eng an das Eis geschmiegt, riskiert man doch, fortgerissen, in Nacht und Tiefe geschleudert zu werden. Manchmal stöhnt einer von uns wie ein verwundetes Tier.

[…] Unerträglich wird die ganze Muskulatur durch das krampfhafte Zittern geschwächt, die Lungen schnaufen trotz des untätigen Liegens heftig. Eisgepanzert von unten bis oben, die Augenlider zugefroren, Eiszapfen in den Haaren, blind und halb ohnmächtig dem Wüten ausgeliefert, und doch nicht tot! Das Schlottern und Zähneklappern erwärmt, denke ich, selig hat einer sich ergeben und schläft mit langen Atemzügen. «He, aufpassen, du dort irgendwo in der Nacht!» Ein anderer ruft von Zeit zu Zeit: «Mut, ausharren, alles hat schliesslich ein Ende!»

«… sogar das Leben.»

Wenn es sein muss, ist Sterben nicht schwerer als Leben. Alles Schlafen ist wie Erlösung. Schlafen ist angenehmer, als gegen den Sturm sich wehren zu müssen. Alle liegen wir ruhig, keiner redet, keiner rührt sich. Auf einmal ahne ich wieder, was uns bedroht. «He, auf, Kameraden!» Mit Gewalt kratze ich das Eis aus den Augen, reisse die Lider auf, um sie vor Schmerzen sofort wieder zu schliessen. Sehen kann man übrigens nichts. Nochmals ein Versuch! Phosphorgelbes Licht, das blendet. Eine Helle wie in elektrisch erleuchtetem Saal, und dennoch nichts zu sehen. Ich ergebe mich in die Nacht. «Herrgott, Kameraden, lebt auch ihr noch?» Jetzt wird's ringsum ruhiger. Eintönig saust nur der Sturm. Das Sausen wird zur Musik, verliert sich, leiser werdend, wie in unermesslicher Ferne.

Es ist jetzt nicht mehr sehr kalt, ein unangenehmes, feuchtes Gefühl in den Kleidern hat mich geweckt. Fast schuhtief sind wir vom Neuschnee bedeckt. Ich wische die Augen mit den Armen aus. Es ist wieder Tag. «Auf! Und um Gotteswillen hinunter zur Hütte, bevor die neue Nacht kommt!»

Wir haben gut geruht, fühlen uns frischer. Das Wetter erlaubt es, es geht, langsam zwar nur, und abends um neun, als die neue Nacht angebrochen war, betraten wir nach dreiunddreissigstündiger Sturmfahrt die Fridolinshütte wieder, vom Kopf bis zu den Füssen verglast und vereist.

«O, ich brauche nie mehr rechtsumkehrt zu machen! Keine Kanonen mehr zu richten!» Meine Hände, schneeweiss und steinhart, klingen gegeneinander wie Porzellan gegen Glas.

«Aufpassen, dass keine Finger abbrechen!»

«Aber weh tut es merkwürdigerweise nicht.» Mehr oder weniger verwundet waren wir alle. Ich mit den am schwersten verletzten Händen machte Feuer, kochte Tee, spürte nichts. Mein Kamerad-Kandidat stöhnte mit erfrorenen Füssen die ganze Nacht.

Am nächsten Abend schwenkte ich meine Wunden in blauem Sublimatwasser der Klinik. Die drei ersten Wochen nach dem Unfall wohnte ich auf meiner Studentenbude und ging täglich zur Wundbehandlung in das Spital. Nach dieser Zeit war das Tote wirklich tot, und man durfte herzhaft abschneiden. Links kürzte man sämtliche Finger, ritsche ratsch, um zwei Glieder, rechts aber blieb ordentlich mehr, hauptsächlich ein schönes Stück Zeigefinger samt Nagel, vielleicht damit ich's nicht zu verdammt schwer haben sollte, diese fatale Geschichte noch aufzuschreiben.

Aus: «In der Stadt», Roman von Hans Morgenthaler. Spaten-Verlag, Grenchen 1950.

Karl Kraus (1875–1936) und Sidonie Nádherný von Borutin (1885–1950)

«Am liebsten ginge ich nach Tierfehd»
Dres Balmer

Der Wiener Schriftsteller Karl Kraus, seine Geliebte Sidonie Nádherný von Borutin und deren Haushälterin Mary Cooney verbrachten mehrmals längere Zeit im Tierfehd. Das Gästebuch des Hotels «Tödi» verzeichnet drei Ankünfte: am 8. August 1916, am 1. Juli 1917 und am 7. September 1929 – vermutlich war die Reisegesellschaft aber noch öfters da. Zwei der Aufenthalte haben in Karl Kraus' Werk Spuren hinterlassen. Anfang August 1916 schrieb er das Gedicht «Thierfehd», das er später in «Landschaft» umbenannte, und im Juli 1917 entstand im Hotel «Tödi» der Epilog seiner monumentalen Tragödie «Die letzten Tage der Menschheit».

Karl Kraus war eine der wenigen Stimmen Europas, die sich gegen den Irrwitz des Ersten Weltkriegs erhoben. Mit seiner Zeitschrift «Die Fackel», die er praktisch als Einmannfirma betrieb, unternahm er jahrelang und bis zur Erschöpfung den verzweifelten Versuch, der mörderischen Macht der Kriegstreiber die Sprache als kulturelle Gegenkraft entgegenzusetzen. Es ist schier unglaublich, wie viel Kraus in diesen Jahren schrieb und publizierte. Wenn man den später in Mode gekommenen Ausdruck der littérature engagée auf jemanden anwenden kann, dann auf Karl Kraus. Doch Kraus publizierte nicht nur, er war auch ein fesselnder Vorleser und unternahm trotz Kriegszensur ausgedehnte Vortragstourneen durch ganz Europa.

In seinem Engagement gegen den Krieg, in dem er den Untergang der abendländischen Kultur sah, war er schonungslos, auch sich selbst gegenüber. Dem Leser seiner Schriften und Briefe aus jener Zeit tritt ein strenger, kämpferischer, zuweilen in seine Sache verbissener Karl Kraus entgegen – was angesichts des übermenschlichen Vorsatzes, einen Krieg mit Worten zu verhindern oder zu beenden, nicht verwunderlich ist.

Doch es gab für Karl Kraus auch in jenen Lebensjahren Momente der Entspannung und der Lebensfreude. Solche lebensfrohe Zeiten – das lässt sich aus der umfangreichen Korrespondenz im Einzelnen nachlesen – verbrachte Kraus oft dann, wenn er mit «Sidi» in seinem Opel-Cabriolet, das er in Bad Ragaz eingestellt hatte, durch die Schweiz kutschierte. Das Tierfehd wird in

Auf stolzer Fahrt ins Tierfehd. Der Dichter Karl Kraus steuert seinen Opel im Sommer 1915 durch Glarus. Neben ihm seine Geliebte Sidonie Nádherný, im Fond die Haushälterin Marie Cooney.

Nächste Doppelseite: Die Pantenbrücke hinter dem Tierfehd, historisches Nadelöhr am Weg zum Tödi. Der erste Brückenschlag aus Stein erfolgte 1457, die heutige, höher liegende Gewölbebrücke stammt aus dem Jahr 1901.

4290 Schreienbachfall mit Selbsanft (2704 m)

«Die Berge stehen vor der Ewigkeit wie Wände.» Das Hotel Tödi im Tierfehd war für Karl Kraus ein magischer Ort. Der gewaltige Wasserfall ist durch den Bau des Kraftwerks Linth-Limmern heute leider ausgetrocknet. Doch der Selbsanft steht wie eh und je. Postkarte, um 1900.

seinen Briefen an die Geliebte zu einem oft geheimnisvoll wiederholten Passwort für glückliche Momente, ja sogar für eine Insel der Glückseligen. Mitten in seiner qualvollen Schreibarbeit in Wien ist er in Gedanken «eine Stunde lang in Thierfehd gewesen» (1915), ein andermal hoffte er, «durch Staub und Plage zu einem Thierfehd» (1916) zu gelangen.

Im Sommer 1918 bricht er mit Sidonie, während dreier Jahre stehen die beiden kaum miteinander in Kontakt. Im Jahr 1921 finden sie sich wieder. Wenn sie nicht zusammen sind, schreibt Kraus ihr jede Nacht: «Du Mein! Oder: Mein Ich! Niemals habe ich mit einer Frau erlebt, was mit Dir, und nie mit Dir, was ich jetzt mit Dir erlebe» (21. Januar 1922). Im Brief vom 5./6. Juli 1922 taucht der magische Ort wieder auf: «Am liebsten ginge ich ja nach Tierfehd. (Wo ich auch am besten zu Dir stimmte. Wollen wir uns dort am 23. Juli, Mittag, beim Wasserfall treffen? Darauf könnte man sich noch freuen.)» Vermutlich fand das Treffen statt, denn die Korrespondenz weist in dieser Zeit eine dreiwöchige Lücke auf.

Am 21./22. Mai 1924 schickt er Sidonie die schönsten Zeilen, die je über das Tierfehd und über die Liebe geschrieben wurden: «… und wenn Du noch Abenteuerlust hast für etwas, das jenseits des anderen Glücks ist, so lass uns wie Geschwister, als die wir uns dort einst verstellt haben, wahrhaft uns begegnen in Tierfehd, zu einer Stunde eines Tages um Mitte Juni, den Du bestimmst. Lass diesen Sommer nicht verwelken, ohne dass wir uns gesehen und uns überzeugt haben, dass dieser innersten Verbindung nichts, was die Natur sonst vermag oder nicht vermag, etwas anhaben konnte und könnte; und dass wir nicht willens sind, mit der Todsünde, uns vergessen zu haben, von einer Welt abzuscheiden, die unmöglich Besseres zu bieten hat als die Erinnerung an Dein Hören und mithin auch die an mein Wort.»

Dres Balmer stammt aus dem Berner Oberland, lebt als Schriftsteller und Journalist in Zürich.

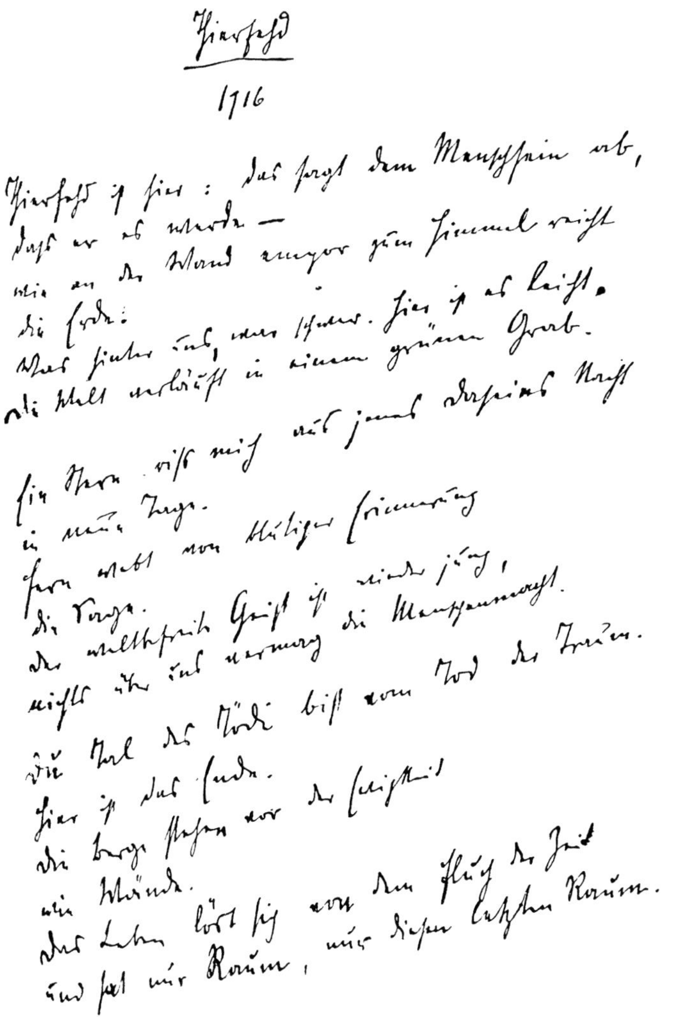

Tierfehd am Tödi, 1916

Landschaft

Tierfehd ist hier: das sagt dem Menschsein
ab, dass er es werde –
wie an der Wand empor zum Himmel reicht
die Erde.
Was hinter uns, war schwer. Hier ist es leicht.
Die Welt verläuft in einem grünen Grab.

Ein Stern riss mich aus jenes Daseins Nacht
in neue Tage.
Fern webt von blutiger Erinnerung
die Sage.
Der weltbefreite Geist ist wieder jung,
nichts über uns vermag die Menschenmacht.

Du Tal des Tödi bist vom Tod der Traum.
Hier ist das Ende.
Die Berge stehen vor der Ewigkeit
wie Wände.
Das Leben löst sich von dem Fluch der Zeit
und hat nur Raum, nur diesen letzten Raum.

Karl Kraus

24	27/8	J. H. J. Forteo	S.A.C. A.C.		
18	28/8	Frieda Girsberger		Meilen, Zürich	
	3.9	Süssmann, Walter	Club Alpin franç.	Affoltern a. A.	4.9.
	3.9	Fontana Edouard	Club. Alpin français	Lyon	4.9
5	7.9	E. S. Herbert	S.A.C. A.C.	London	8.9.
1	7.9.	Peter Bernet	S.A.C. (Führer)	Grindelwald	8.9.
	7.9	Karl Kraus		Wien	8.9.
	"	Sidonie Nádherný		Prag	" "
	9.9.	C. van Wetering.	Hilversum.	Holland.	
	—	B. Gator.			
Mai	22.	M. Walcher		Luchsingen	
		Roger Helg		Genf	
		Harald Krugl		Oslo	

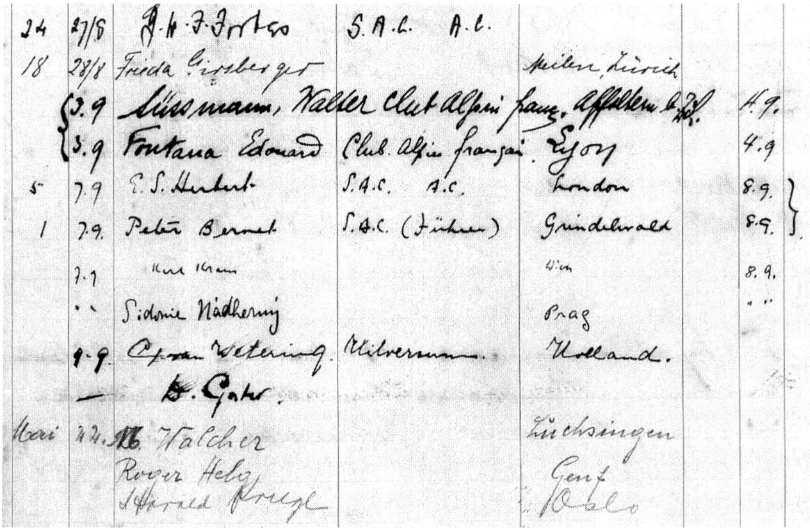

Sehnsucht und Leidenschaft. Im Hotel Tödi wird die Erinnerung an den berühmten Gast liebevoll gepflegt. Ausschnitt aus dem Gästebuch mit dem Eintrag von Karl Kraus und Sidonie Nádherný.

Nächste Doppelseite: Ein anderer Blick. Die Ostwand des Tödi spiegelt sich im kristallklaren Wasser des kleinen Sees auf dem Bifertenalpeli bei der Fridolinshütte.

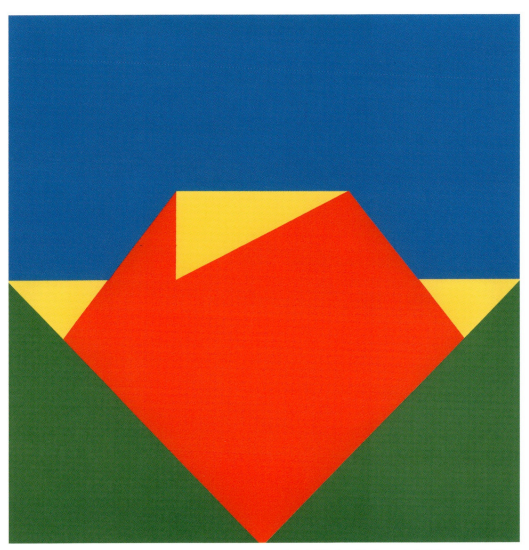

Tödi. Siebdruck auf Papier von Koji Takihara, o. J., 70 × 50 cm.

> *Aus dem weiten, strahlenden Kranz wächst er empor,*
> *herrlich und majestätisch wie ein König, wie ein Herrscher*
> *unter den Bergen des Glarner Landes: der Tödi!*
> Paul Schafflützel

Die Verlockung des Schönen

Fünfzig Mal stieg der Lithograf und Panoramamaler Albert Bosshard zwischen 1903 und 1916 auf den Tödi, um ein Panorama von seinem Gipfel zu fertigen, doch von den geplanten zwölf Farblithografien sind nur vier vollendet. Die Fotografie hat der exakten Naturdarstellung, wie sie Bosshard pflegte, ein Ende gemacht. Während sich die Pioniere wie Johannes Hegetschweiler und Pater Placidus a Spescha von Landschaftsmalern begleiten liessen, trägt heute fast jeder Alpinist die Kamera im Rucksack. Trotzdem: Dutzende von Hobbymalern versuchen immer wieder mit mehr oder weniger Geschick, die eigenwillige Gestalt und die Faszination des Tödi auf Papier oder Leinwand zu bannen. Doch kaum einem gelingt es, das körperhafte Wesen des Bergs, sein «urweltliches Gesicht» so eindrücklich darzustellen wie Hans Conrad Escher von der Linth am 8. August 1807. Einem Tag, an dem er gleich zwei Studien für Aquarelle von höchster Meisterschaft verfertigte, eines von der Nordwestseite und eines von Osten. Mit dem Skizzieren war also ein tüchtiger Fussmarsch verbunden.

Wer sich heute mit dem Tödi künstlerisch auseinander setzt, muss andere Wege gehen. Sei es, indem er selber in extreme Wände steigt wie Albert Schmidt, der bei der ersten Winterbesteigung des Röticouloirs in der Ostwand dabei war und dieses Erleben künstlerisch umsetzte. Sei es in extremer Reduktion wie der in Japan aufgewachsene Koji Takihara. Sei es visionär und witzig wie Felix Ortlieb, Sportkletterer, Alpinist, Fotograf, Poet und Künstler aus Schwanden, der dem Tödi kurzerhand das Matterhorn auf die Spitze setzt und ihn zum «Tödihorn» umbaut. Kunst ist mehr als die Abbildung der Wirklichkeit.

Eine «geologische Fantasie» nennt der aus Schottland stammende Architekt und Künstler Bryan Cyril Thurston (geboren 1933) seine Tödi-Ansicht vom Sandpass (1999, 19 x 34 cm). Thurston war ein engagierter Kämpfer für die Erhaltung der Greina-Hochebene südlich der Surselva.

Hans Conrad Escher (1767–1823)

«Das urweltliche Gesicht des Berges»

Mit Glück überlebt: Der Naturforscher Hans Conrad Escher von der Linth musste von seinen Begleitern aus einer Gletscherspalte gerettet werden. Der unermüdliche Bergwanderer setzte den Aufstieg zum Sandpass trotzdem fort. Selbstbildnis, Silberstift, 1785.

Rechte Seite: Sonnenaufgang am Sandpass. Der Firn ist flach, aber trotzdem nicht harmlos.

Im Juli 1807 begannen in den Sümpfen im Norden des Glarnerlandes die Arbeiten an der Linthkorrektion, im Auftrag der eidgenössischen Tagsatzung geleitet von Hans Conrad Escher, dem später aus Dankbarkeit der Titel «von der Linth» verliehen wird. Der Sohn eines Zürcher Seidenfabrikanten und aufgeklärte Politiker hatte es in der Helvetik bis zum Präsidenten des grossen Rates und zum Kriegsminister gebracht. Er war ein eigentliches Universalgenie, Kaufmann, Ökonom, Pädagoge, Kartograf, Wasserbauingenieur – und einer der ganz grossen Bergwanderer und -maler seiner Zeit. Escher hat alle Gegenden der Schweiz systematisch durchwandert, vor allem die Alpentäler und Pässe, und dabei ein schriftliches und zeichnerisches Tagebuch geführt, das über 1400 Textseiten und 900 grössere und kleinere Gebirgsansichten umfasst.

Anfang August 1807, kurz nach Beginn der Arbeiten am Linthwerk, ist er im Tödigebiet unterwegs. Vom Bifertengletscher aus skizziert er die Tödi-Ostflanke und wandert dann mit seinen Begleitern in die Alp Ober Sand hinab, wo man Nachtquartier nimmt. Am Nachmittag steigt er am Gegenhang der Tödi-Nordwestwand hinauf, bis er «die sehr grosse, isolierte Felsmasse mit überall steilen Wänden aus einem ganzen Gletschermeer heraus» vor sich hat. Das Bild, das er in kürzester Zeit aquarelliert, gilt als eines seiner Hauptwerke. «Jede Furche und Runse im urweltlichen Gesicht des Berges ist zur Aussage über das geognostische Innenleben gesteigert, so wie ein tiefschürfendes Porträt das innere Wesen eines Menschen wiedergibt», schreibt der Kunsthistoriker Gustav Solar († 1997), der beste Kenner von Eschers Werk. Am rechten Rand ist der Sandpass zu sehen mit dem Firn, auf dem Escher am nächsten Tag in einen Spalt stürzt und nur mit grossem Glück mit dem Leben davonkommt (Text S. 102).

Eschers einziger Sohn Arnold begleitete Johannes Hegetschweiler bei seinem letzten Versuch am Tödi im Jahr 1834. Als Geologieprofessor in Zürich wurde er zum Mentor von Albert Heim, der die Tradition der Gebirgspanoramamalerei fortsetzte.

Spaltensturz auf dem Sandfirn

«Ein Schlückgen Kirschwasser stellte den Frohsinn wieder her»
Hans Conrad Escher von der Linth

Den 9. August 1807 machten wir uns frühe aus unsrem Alpenlager auf, um nach genommenem Frühstück den Dödigletscher zu besuchen, der nach dem Zeugnis der Älpler wegen wenigem Schnee nun leicht zu besteigen sey. Wir giengen längs dem unmittelbaren westlichen Fuß des Dödibergs, also rechts dem Sandbach, hin; bald verlor sich die Vegetation u. ausgedehnte Schutthalden bekleideten meist das anstehende Gebirge.

Nachdem wir ungefähr eine Stunde ziemlich mühsam bald über Schutthalden, bald über ziemlich steile anstehende Felsen fortgewandert waren, fanden wir endlich den Dödigletscher, der sich vom westlichen Abhang des Dödibergs an die Claridenalpen hinüberzieht u. sich von da seitlich gegen den Canton Uri ausdehnt; der Auslauf dieses Gletschers gegen die Sandalp ist uneben u. daher ziemlich zerrissen, daher meine zum Theil ungeübten Begleiter ziemlich ängstlich diese Wanderung antraten.

Die Eisspalten waren weit offen u. drangen in beträchtliche Tiefen herab, daher auch die Rücken des Gletschereises zwischen denselben sich oft so verschmälerten, daß der Spaziergang auf denselben allerdings nicht ganz angenehm war; doch so wie wir am nicht steil ansteigenden Gletscher höher kamen, desto mehr verengten sich die Eisschründe u. also erleichterte sich auch der Marsch auf dem Gletscher. Als die ganze Gesellschaft sorgsam hintereinander über einen breiten Eisrücken hinwanderte, stürzte auf einmal ein großes Felsenstück, von kleinern Bruchstücken begleitet, nur wenige Schritte von uns von den Felsenwänden des Dödi über einen mit Gletschereis behangenen Abhang herab, in die tiefern Gletscherspalten hin; dieser Umstand erschreckte die meisten meiner Begleiter, und sie beschlossen den Rückzug auf dem nämlichen mühsamen Weg; nur Hr. Ingenieur Obrecht erklärte, daß er mich gerne weiter begleiten wolle, u. so setzten wir mit unsrem Führer unsren immer leichter werdenden Spaziergang auf dem nach u. nach flacher u. weniger verschrundet werdenden Gletscher fort.

Sowie wir aber höher stiegen, fand sich allmählig Schnee auf dem Gletscher ein; indessen waren doch noch die Eisschrunden hinlänglich durch Vertiefung kenntlich, um ihnen ausweichen zu können, u. wir folgten mit gehöriger Vorsicht unsrem Führer. Nach u. nach nahm der Schnee auf dem Gletscher so zu, daß er die Eisschrunden zu füllen u. also die Wanderung noch ungefährlicher zu machen schien. Schon sahen wir die wenigen aus dem Gletscher herausragenden Felsen der immerfort sanft ansteigenden Dödi Scheidecke nur noch einige hundert Schritte vor uns – ich folgte Schritt für Schritt unsrem Führer u. Hr. Obrecht mir, als ich mit meinem rechten Fuß etwann 1 Schuh tief in den Schnee eintrat; ich rief meinen Begleitern zu, wollte den Fuß aus dem Schnee herausheben, u. auf einmal lief eine dünne, über eine breite Eisspalte hin liegende Schneekruste un-

Die Ansicht des Tödi von Norden ist eines der Meisterwerke von Hans Conrad Escher. «Jede Furche und Runse im urweltlichen Gesicht des Berges ist zur Aussage über das geognostische Innenleben gesteigert, so wie ein tiefschürfendes Porträt das innere Wesen eines Menschen wiedergibt.» Aquarellierte Zeichnung, 1807, 23,4 x 72,3 cm.

ter mir weg – indem ich mich sinken fühlte, streckte ich meine Arme weit aus u. sank so in den Abgrund herab, daß ich nur an meinen ausgestreckten Armen hängen blieb. Meine Begleiter faßten mich sogleich an den Händen u. strengten alle Kräfte an, mich herauszuziehen, aber ungeachtet ich mich ebenfalls auf jede Art zu heben suchte, da ich für meine Füße weder unter mir, noch vorwärts oder rückwärts in der schauerlichen Eiskluft keinen Standpunkt fand, sondern ganz frey in der Öffnung der dünnen Schneekruste hieng, war diese Hülfe vergebens, u. da ich den Schnee vor mir durch diese Anstrengung immer mehr weichen sah u. die Öffnung, in der ich hieng, sich erweitern fühlte, so forderte ich schleunig von meinen Begleitern die Alpstöcke – da sie den Gebrauch, den ich davon machen wollte, nicht kannten, so zögerten sie, u. erst durch einen zweyten Ruf streckte mir Hr. Obrecht seinen Stock [entgegen], diesen konnte ich noch glücklich unter meinem linken Arm quer über die offne Eisspalte schieben, u. nun erhielt ich auch sogleich einen zweyten Stock, den ich mir selbst unter den rechten Arm schob: auf diesen Stöcken hob ich mich allmählig in die Höhe, so daß ich bald mit der obern Hälfte des Körpers wieder außer der Schneeöffnung war, mich vorwärts bog u. so ganz aus dem schauerlichen Abgrund kroch, in welchem ich so gefährlich geschwebt hatte; glücklicherweise war ich durchaus ruhig geblieben u. hatte daher die in dieser fürchterlichen Lage einzig möglichen Hülfsmittel angewandt, um mich zu retten.

Als ich, schon wieder gerettet, neben meinen Begleitern stand, waren diese kaum noch gefaßt; nur mein froher Zuruf, uns alle durch ein Schlückgen Kirschwasser zu stärken, stellte den Frohsinn wieder her. Noch hatten wir nur wenige hundert Schritte zur Dödi Scheidecke, aber freylich auf dem auch dem äußern Anscheine nach noch mehr zerschrundeten Gletscher fortzuwandern, u. ich hatte einige Mühe, den erschrocknen Führer zum weitern Vorgehen zu bewegen; doch auch diesen gefährlichsten Theil der Wanderung legten wir glücklich zurück.

Aus: Hans Conrad Escher, «Ansichten und Panoramen der Schweiz», Atlantis Verlag, Zürich 1974.

Johann Baptist Isenring (1796–1860)

«Seine wahre Abbildung würde ohne Zweifel vielen Absatz finden»

«Verdriesslich und unbescheiden» nannte Placidus a Spescha den Landschaftsmaler Johann Baptist Isenring, der ihn 1823 zum Tödi begleitete. Daguerreotypie, um 1840.

Rechte Seite: Fröhlich und locker gehen moderne Künstler mit dem Berg um. Bryan Cyril Thurston und Tarcisi Cadalbert suchen von Süden vergeblich nach dem Gipfel. Aquarell, 1986, 11,5 x 13 cm (oben).
«Zitronen – Boten des Südens – fallen mit dem Föhn über den Tödi Richtung Glarus–Zürich ein», lautet die Erklärung zum Bild der Glarner Illustratorin und Malerin Edith Schindler. Gouache, o. J., 19 x 22,5 cm (unten).

Pater Placidus a Spescha kannte Eschers Werk offensichtlich nicht. Am 19. August 1823 unternahm er mit dem Toggenburger Landschaftsmaler Johann Baptist Isenring, der zufällig in der Gegend weilte, einen Besteigungsversuch am Piz Russein, zusammen mit dem «geprüften Bergsteiger» Paul Benedikt Spescha aus Trun. Isenring, der keine Ahnung vom Gebirge hat, benimmt sich dabei so ungeschickt, dass er von einem Felsen gerettet werden muss, «5 Klafter hoch», auf den er sich verstiegen hat (Text S. 106). Spescha spart nicht mit Spott über den Maler, denn «unter allen, die mich auf Alpenreisen begleiteten, war keiner, der so verdriesslich und unbescheiden mir vorkam wie Isenring».

Trotzdem nahm er ihn nochmals mit ins Russeintal, um «den Piz Russein in seiner natürlichen Höhe und Gestalt abzubilden; denn dieser Berg sei noch von Niemandem abgezeichnet worden, und seine wahre Abbildung würde ohne Zweifel vielen Absatz finden». Doch auch dieser Ausflug endete für den Pater unbefriedigend, kam es doch zu einem lautstarken Streit über die Art, wie Isenring die Wirklichkeit verfremdete, denn er hatte die Angewohnheit, «Gegenstände übermässig zu verkleinern oder zu vergrössern und wider die erkannte Wahrheit zu streben». Zudem machte sich der Künstler heimlich über den Proviant her. Speschas Urteil ist hart: «Ich dachte: wenn du als Landschaftsmaler nicht einen Vordergrund mit grossen und kleinen Steinen am Zusammenfluss mehrerer Bäche, dann einen ausgedehnten vorliegenden Glätscher, dann den Fuss einer kahlen gestreiften Felswand und darüber liegende Schneelagen und Berge nicht abzeichnen kannst oder nicht willst, trotzdem wir einen mühsamen Weg von 6 Stunden zurückgelegt haben, so bist du entweder kein Künstler oder kein redlicher Mann.»
Isenring schaffte es trotzdem, ein bekannter Landschaftszeichner, Lithograf und Kunsthändler zu werden. Als einer der Ersten hat er mit der Daguerreotypie experimentiert und gilt daher als Pionier der Fotografie. Als Bergsteiger trat er jedoch nicht mehr in Erscheinung.

Versuch, 1823 mit dem Landschaftsmaler Isenring den Tödi zu besteigen

«Die Verkrützung des Schnees an seinen Pinselhänden»
Placidus a Spescha

Val Gliems im Süden des Tödi. Aus dem künstlerischen Tagebuch von Hansruedi Gallati. Aquarell, o. J., 10,5 x 14,7 cm.

Isenring gieng immer voraus, und keine Ermahnung, sich vor Eisklüften zu hüten, fruchtete. Nachdem wir bei 2½ Stunden über den Glätscher gestiegen waren, erreichten wir eine Ebene, worauf vor ungefähr 30 Jahren ein kleiner See lag, der jetzt gänzlich verschwunden ist. Die Sonne leuchtete uns schon, als wir über den Glätscher reisten, und der Schnee fieng an, weich zu werden. Allein da blies uns der Morgenwind von der Gegend des Russein her an; weil er stärker als gewöhnlich blies und kalt war, so mißfiel er mir.
Der letzte Glätscher, welcher in seiner Mitte sehr zersplittert ist, war gefährlich zu übersetzen; die rechte Seite war zu weitschichtig; die linke aber sehr steil. Also was Raths? Wir zogen die linke Seite vor, weil sie weit kürzer und sicherer war; über sie war eine kleine Schneelauine abgerollt, und die Schollen so hart wie Stein. Bald mußten Tritte eingehauen werden. Isenring wollte der erste seyn, der diese Arbeit vornahm; allein seine Bemühung, welche er hartnäckig fortsetzen wollte, war fruchtlos; nur die Verkrützung [Zerkratzen] des Schnees an seinen Pinselhänden konnten ihn zur Einstellung bewegen.
Als wir mit dieser mühsamen und gefährlichen Arbeit beschäftigt waren, ergriff Isenring den Stock meines Dieners, drückte diesen und den seinigen wechselweise in den Schnee ein, entfernte sich unbemerkt und war gleich unsichtbar, weil links ein Felsen hervürragte, hinter welchem er sich verkrochen hatte. Unterdessen rollten immer kleine Steine auf uns herab und weil wir um keinen Schritt ihnen ausweichen konnten ohne Gefahr, in die Eisschründe hinabgeworfen zu werden, so war unsere Lage sehr kritisch. Ich mußte demzufolge immer das eine Aug auf die eingehauenen Fußtritte, und das andere auf die herabrollenden Steine heften, die immer neben und auf uns her schossen. Als ein Stein auf die Hand meines Dieners fiel und ihn bis aufs Blut verwundete, befragte er mich um die Ursach des Steinfalles. Ich erwiederte ihm: vermuthlich löst die Sonnenhitze die angefrorenen Steine auf. Er beeilte sich, die Fußtritte einzuhauen, damit wir dem Lauf der Steine entgehen und hinter einem Felsen Sicherheit finden könnten. Wir umgiengen mit Achtsamkeit den Schutzfelsen und alsbald erblickten wir Isenring auf einem 5 bis 6 Klafter [8–10 m] hohen Felsen sitzend, indem er mit Jammer und Geschrei uns begrüßte wegen unseres thörichten Unternehmens und der Unmöglichkeit des weiteren Steigens und uns mit einer scharfen Predigt unterhielt. Ich rief ihm zu: er solle schweigen; denn ich hätte vor zwey Jahren den nemlichen Weg über 2 Stunden weiter hinauf betreten; ich wolle selbst in Erfahrung bringen, was seither den Weg versperrt haben möchte. Allein er widersetzte sich meiner Annäherung so gut er konnte; denn da er sah, daß er sich weder vorwärts, noch rückwärts wagen dürfte, so wünschte er, daß wir ihn auffangen möchten, wofern er ausglitschte. Allein es war bedenklich, einen erschrockenen und schweren Mann aufzuhalten, wo man nicht steifen Fuß fassen konnte.

Ungefähr 5 Klafter war der Felsen hoch, worauf Isenring saß und predigte. Ich kletterte zu ihm hinauf und sah, daß die Fortsetzung der Kletterei für ihn zu bedenklich wäre und demnach befahl ich meinem Diener, die Stricke heraufzutragen, um Isenring anzubinden und herabzulassen; als aber die Stricke da waren, weigerte er sich, sich verstricken zu lassen. Was Raths? Ich ließ meinen Diener bergab steigen und hieß ihn festen Fuß fassen; ich blieb stehen; der Künstler besann sich indessen, wie er seine Rettungskunst ausüben wollte und kam endlich auf den Gedanken, mich oberhalb sitzen zu lassen; mein Diener sollte unterhalb seine Füsse fassen und er selbst sich so hinablassen. Denn er vermuthete, daß er durch die magnetische Ausdünstung von dreien sicherer und fester angezogen würde als durch Seile. Unverletzt kam er an Bord.

Nun sahen wir erst ein, woher die Steine, die uns hätten unglücklich machen können, gekommen waren. Denn durch Isenrings unvorsichtiges Klettern wurden die Steine in Bewegung gesetzt und mußten gerade auf uns losgehen.

Allein sobald er sein Probestück gemacht hatte und der Gefahr entgangen war, stimmte er sein Klagelied heftiger an als zuvor. Freund, erwiederte ich ihm, wenn meine Gesellschaft ihm nicht behage, so möge er den Weg abwärts betreten, den er heraufwärts gegangen sei; aber Bergpredigten zu halten, sei ich beauftragt, wenn's die Noth erfordere.

Aufstieg von der Puntegliashütte. Collage von Hansruedi Gallati. Mischtechnik, 1992, 19 x 19 cm.

Aus: «Pater Placidus a Spescha, sein Leben und seine Schriften», hg. von F. Pieth und K. Hager. Verlag von Benteli AG, Bern 1913.

Albert Heim (1849–1937)

«Herrlichste Ergänzung der Hochschule»

Am ersten Tag der Sommerferien 1864 wurde der fünfzehnjährige Kantonsschüler Albert Heim von einem Pferd überrannt und vom Wagen überfahren. Mehrere Knochenbrüche und ausgeschlagene Zähne trug er davon, und sein linkes Bein blieb zeitlebens verkürzt, so dass er hinkte. «Die Gründung des Schweizer Alpen-Club bewirkte einen enormen Aufschwung des Interesses an den Bergen, der auch mich gewaltig mitriss. Als ich mit gebrochenen Knochen im Bett lag, erfreute mich der Anblick der Bildbeilagen des ersten Jahrbuchs, die man mir an die Wände meines Krankenzimmers geheftet hatte.» Heim trat 1865 dem Club bei und reiste ins Tödigebiet, wo er wanderte und skizzierte.

Am 14. Juli übernachtet er mit seinem Führer Thomas Thut in der Grünhornhütte, dann erreichen die zwei übers Russeintal den Puntegliasgletscher und versuchen die Erstbesteigung des Bündner Tödi, einer Erhebung im Grat, der sich vom Piz Russein über den Piz Urlaun zum Bifertenstock zieht. Immerhin erreichen sie die Lücke östlich des Gipfels. «Die Uhr zeigte drei Uhr nachmittags, es war daher zu spät, um noch die Besteigung des Bündner Tödi zu wagen, welche für einen schwindelfreien Kopf keine Schwierigkeiten geboten hätte. […] An diesem Standpunkte, über solchen Abgründen, inmitten solcher Kolosse fühlte ich Neuling in dieser Welt, obgleich erster Besieger dieses Gebietes, recht mächtig die Schwachheit und Kleinheit des Menschen.

Ich war vollständig von diesem Anblick überwältigt; zu zeichnen wäre ich um allen Preis nicht im Stande gewesen. Als ich aber gut drunten angelangt, wo ich Herr über die Materie und nicht mehr die Materie über mich Herr war, reuete es mich, dass ich nicht doch den Bündner Tödi ganz besiegt hatte.» Später bestieg er einmal den Tödi, scheiterte aber auch hier beim Versuch, ein Panorama zu skizzieren.

Die Exkursion zum Tödi sollte auch Heims Berufswahl bestimmen. Nach der Reise modellierte er auf Grund seiner Skizzen ein Relief des Gebiets. «Eine der denkwürdigsten Stunden meines Lebens war aber, als Arnold Escher von der Linth sich in unserer Wohnung meldete mit den Worten, er habe vernommen, dass hier ein Kantonsschüler wohne, der ein Relief der Tödigruppe gemacht habe, das er gerne sehen möchte. Er betrachtete es lange, frug mich manches und gab mir allerlei Erklärungen; dann lud er mich ein, obschon ich noch nicht Student war, an seinen Exkursionen teilzunehmen.»

Arnold Escher, der Sohn Hans Conrad Eschers von der Linth, hatte 1834 Johannes Hegetschweiler bei seinem letzten Versuch begleitet, den Tödi zu besteigen. Er wurde Heims Freund und Lehrer, 1872 übernahm Heim, erst dreiundzwanzigjährig, seinen Lehrstuhl für Geologie an der Universität und am Eidgenössischen Polytechnikum Zürich. Doch Heim war alles andere als ein Schreibstubengelehrter. «Der SAC und

Die Erstbesteigung des Bündner Tödi verpasst: Der Geologe Albert Heim war ein «Alpinist idealster Prägung». Eine Exkursion ins Tödigebiet bestimmte seine Berufswahl.

Linke Seite: Fritz Zwicky (1919–1970), Lehrer und bildender Künstler aus Mollis, malte 1972 die Hängegletscher am Tödi, deren Anblick Albert Heim so überwältigte, dass er «zu zeichnen um allen Preis nicht im Stande war».

Albert Heim war ebenso begabt als Künstler wie als Naturwissenschaftler. Das geologische Panorama vom Sandpass, erschienen im Jahrbuch des SAC 1871, ist eine seiner ersten Publikationen.

die Naturforschende Gesellschaft waren für mich die herrlichste, freie Ergänzung der Hochschulvorlesungen und Laboratorien.»

Arnold Escher gilt als Begründer der modernen, auf der Theorie der Überschiebung von grossen Decken fussenden Geologie (Text zur Geologie S. 112). Seine «Glarner Doppelfalte», eine von Norden kommende Überschiebung, die etwa auf der Höhe des Sernftals auf eine Gesteinslage von Süden trifft, erwies sich jedoch als wissenschaftlich unhaltbar. Leider bekannte auch Albert Heim sich zäh zum Modell seines Mentors,

obwohl es schon 1884 von französischen Geologen angezweifelt wurde. Erst zwanzig Jahre später gestand Heim seinen Irrtum ein und erlitt damit seine grösste wissenschaftliche Niederlage. Seinem Ansehen schadete das allerdings kaum. 1911 trat er vom Lehrstuhl zurück und betätigte sich fortan als geologischer Gutachter, Vortragsredner und Autor wissenschaftlicher Werke.

Die Glarner Berge waren sein primäres Forschungsgebiet, mit ihnen blieb er zeitlebens schicksalhaft verbunden. Beim Skizzieren eines Panoramas vom Glärnischgip-

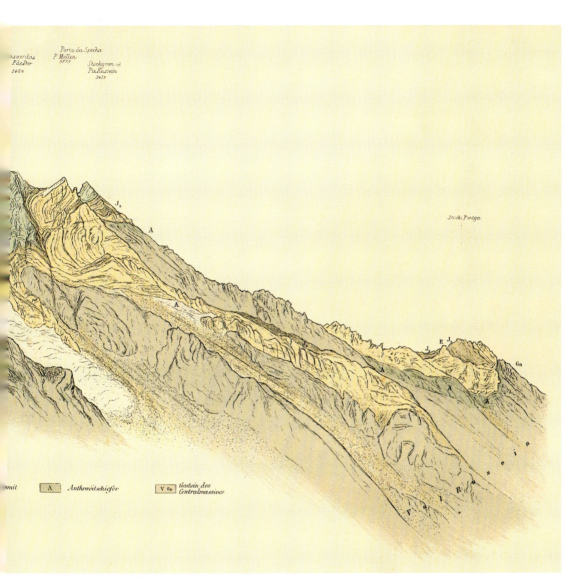

fel im Auftrag des SAC begleitete ihn 1870 Marie Vögtlin, die erste Frau, die in der Schweiz als Ärztin praktizierte. «Dort wurde der Freundschaftsbund fürs Leben geschlossen, fern und losgelöst von dem hastenden Treiben des Alltags, auf den herrlichen Höhen.» Fünf Jahre später heirateten sie.

«Albert Heim war ein Alpinist idealster Prägung», erinnert sich ein Freund. «Fels, Grasplatten und Firn und Eis waren ihm gleich vertraut, und in beträchtlichem Alter lernte er noch Ski fahren.» Immer wieder kehrte er ins Glarnerland zurück. 1871 als Gutachter nach dem Bergsturz von Elm, 1929 zu einem Empfang zu Ehren seines achtzigsten Geburtstags. Ein letztes Mal hielt er 1931 in Linthal einen Vortrag, als ein Bergsturz vom Kilchenstock das Dorf zu zerstören drohte. Obwohl er selber an die Katastrophe glaubte und eine Umsiedlung empfahl, verstand er es, die erhitzten Gemüter zu beruhigen.

1918 ehrte ihn der Alpen-Club mit einer eigenen Hütte: der Albert-Heim-Hütte am Tiefengletscher im Furkagebiet.

Zur Geologie des Tödi

«Ein Paket von zusammengefaltetem Meeresboden»
Steve Nann

Der Linthgletscher trug den Schlattstein während der letzten Eiszeit vom Tödi in die Gegend von Netstal. Kletterer nutzen den schönsten Findling des Glarnerlands zum «Bouldern», eine moderne Spielart des Klettersports.

Der erste Fachmann, der sich ins Tödigebiet wagte, um die Gesteine zu studieren, war wohl Arnold Escher, nachdem bereits sein Vater, der in Geologie ebenfalls bewanderte Hans Conrad Escher von der Linth, den Tödi mehrfach grafisch festgehalten hatte. Bereits 1878 legte Albert Heim ein wissenschaftliches Werk vor, in dem der Aufbau des Tödi sehr gut und ausführlich beschrieben wird, die «Geologische Monographie der Tödi-Windgällengruppe». Ab 1880 beschäftigte sich August Rothpletz vor allem mit den paläozoischen Gesteinen; ihm folgte 1911 Berend George Escher mit seiner Dissertation «Über die prätriasische Faltung in den Westalpen mit besonderer Untersuchung des Carbons an der Nordseite des Tödi». Die erste brauchbare Kartierung des ganzen Gebietes samt dazugehörigen Profilen führte Friedrich Weber 1922 bis 1924 aus. Seine Aufzeichnungen sind die Grundlage für die geologische Karte des Kantons Glarus von Jacob Oberholzer von 1942. Abschliessend hat 1948 Hans Widmer in seiner Dissertation «Zur Geologie der Tödigruppe» die letzten Unklarheiten zu Tektonik und Stratigrafie beseitigt, nicht ohne weitere Fragen aufzuwerfen, die bis heute einer Erklärung harren.

Was ist denn nun die Besonderheit des Tödi, der die berühmtesten Geologen ihrer Zeit in seinen Bann geschlagen hat?

Eine Rückblende ins Erdaltertum
Schon vor über 500 Millionen Jahren haben im heutigen Europa Gebirge existiert. Das französische Zentralmassiv, die Vogesen und der Schwarzwald sind Reste davon. Alle Gesteine sind seither stark verändert worden; Versteinerungen, welche Auskunft über das Alter geben könnten, haben die Umwandlungen nicht überstanden. In dieses so genannte Altkristallin sind während der variszischen Gebirgsbildung in der Karbonzeit vor rund 300 Millionen Jahren Granite und weitere Tiefengesteine eingedrungen. Im tropischen Klima von Karbon und Perm, also während rund 100 Millionen Jahren, werden die kristallinen Bergzüge abgetragen, der Schutt sammelt sich als Kies, Sand und Ton in See- und Moorbecken. Abgestorbene Pflanzenteile der üppigen Vegetation bilden dicke Zwischenschichten von Torf. Während sich die Lockergesteine zu dunklem Konglomerat, Sandstein und Tonschiefer verfestigen, wird aus dem Torf Steinkohle. In diesen Gesteinen finden sich heute Pflanzenabdrücke, die ältesten Fossilien der Schweiz. Im Verlaufe der Permzeit wird das Klima trockener, vulkanische Gesteine werden ebenso häufig abgelagert wie rot gefärbte Sandsteine («Sernifit»). Es entstehen Bruch-

systeme im alten Gebirgskörper. Mit dem Perm endet das Erdaltertum, das Paläozoikum.

Der bis anhin alle unsere heutigen Kontinente umfassende Superkontinent Pangäa zerfällt zu Beginn des Erdmittelalters (Mesozoikum) in auseinander driftende Kontinentschollen, zwischen denen sich Ozeanbecken zu bilden beginnen, etwa

In der Röti unter der Nordostwand des Sandgipfels liegt der Kegel des gewaltigen Bergsturzes vom Januar 1965. Blick vom Bifertengrätli (oben). Das augenfälligste Merkmal der geologischen Struktur des Tödi ist das Band aus Rötidolomit. Es ist das älteste Sediment der helvetischen Serie, die sich darüber aufbaut. Darunter liegen die alten Gesteine des Aarmassivs. Zeichnung von Steve Nann (unten).

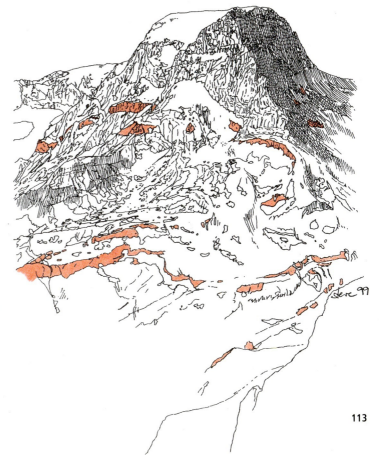

Felsstürze formen den Berg. Der Geologe Eugen Weber beobachtet am 31. Dezember 1964 aus dem Flugzeug einen Vorsturz des gewaltigen Abbruchs der Nordostwand, der vier Tage später erfolgt.

das Ur-Mittelmeer Thetys, aus dessen Grund später die Alpen entstehen. Das alte Urgebirge senkt sich, in Gräben und Lagunen werden bunte Sandsteine und Tone sowie Muschelkalk abgelagert. Dies ist die Epoche der Trias; die ältesten Sedimente («Röti»), die auf dem alten paläozoischen Gebirgssystem liegen, stammen aus dieser Zeit. Darauf kommen nun im Zeitraum bis zur Kreidezeit die anderen untermeerischen Ablagerungen zu liegen, vor allem der Malmkalk, der auch am Tödi mächtige Felswände bildet.

Die Alpen entstehen

Ab der mittleren Kreide, also vor etwa 100 Millionen Jahren, beginnt sich der afrikanische Kontinent dem eurasischen wieder zu nähern, und die Thetys wird zusammengedrückt. Der Meeresboden wird gefaltet, und etwa vor 25 Millionen Jahren beginnen Teile dieser Falten als Decken auf das alte Gebirge aufzufahren – die Alpen entstehen. Durch das Auftürmen des Deckenstapels ist die Erdkruste ganz wesentlich verdickt worden. Unter dieser Überlast und wegen der durch die Gleitbewegung der Decken verursachten erhöhten Temperatur werden die darunter liegenden Gesteine, auch die altkristallinen, verändert, sowohl in ihrer Lage als auch in ihrer chemischen Zusammensetzung.

Die Alpen bestehen also aus einem Paket von zusammengefaltetem Meeresboden, das wegen der Kollision eines Teils der afrikanischen Platte mit der eurasischen über ein altes Gebirge geschoben und zu mehr als der Hälfte bereits wieder durch Erosion abgetragen worden ist.

Ein Fenster in die Vergangenheit

Entlang der tektonischen Linien haben vor allem glaziale Kräfte den Tödi stark erodiert. Zusammen mit Bergstürzen haben sie dem Berg nicht nur seine typische quadrische Form gegeben, sondern ihn auch richtiggehend entblösst, so dass man Einblick in seinen inneren Aufbau erhält. Am Fuss des Tödi ist sogar das ehemalige kristalline Gebirge aufgeschlossen. Der Geologe spricht von einem Fenster. Die auffällige ockerfarbene Gesteinsschicht, die dem Tödi wie aufgemalt erscheint und der «Röti» den Namen gegeben hat, ist das älteste Sediment, das dem alten Aarmassiv aufliegt. Es stammt aus der Trias und heisst nach dieser Lokalität Rötidolomit. Man kann vereinfachend sagen, dass die darunter liegenden Gesteine – das Altkristallin, die Basaltkonglomerate, die Ablagerungsgesteine der Bifertengrätli- und Grünhornserie, der Tödigranit sowie die später eingedrungenen Quarzporphyre samt ihren Aufarbeitungsgesteinen dem wohl vor über 500 Millionen Jahren entstandenen paläozoischen Gebirge angehören. Die prächtigen Versteinerungen aus der Karbonzeit am Bifertengrätli zählen also zu den ältesten der Alpen.

Über dem Röti-Band befinden sich die Ablagerungsgesteine, die dem Aarmassiv vor rund 250 Millionen Jahren aufgesetzt wurden, als es vorübergehend (bis zur Alpenbildung) unter den Meeresspiegel fiel. Es handelt sich vor allem um Kalke (Dogger, Schiltschichten und Gesteine der Malmzeit), wobei der Grossteil wohl zum Quintnerkalk zu zählen ist, der hier 300 bis 400 Meter mächtig und zudem meist durch Repetition verdoppelt ist.

Felsstürze verändern das Gesicht des Bergs

In den stark gebankten Kalken des dem Aarmassiv aufgesetzten Sedimentmantels, die von Brüchen durchzogen sind und bis über 3000 Meter Meereshöhe hinaufreichen, sind Felsstürze nicht selten. Placidus a Spescha erwähnt, dass 1811 «ein grosses Stück von ihm abbrach». Albert Heim beschreibt einen «Felssturz, der in den 60er Jahren des letzten Jahrhunderts vom Gipfel des Tödi nach SW in Ober-Russein stürzte», und vermeldet eine Sturzhöhe von 1400 Metern sowie einen Inhalt von ungefähr 150 000 Kubikmetern.

Von der Glarner Seite des Tödi ist ein grosser Felssturz durch Eugen Weber sehr gut dokumentiert. In der Nacht vom 25. auf den 26. Dezember 1964 lösten sich rund 800 000 Kubikmeter Malmkalk aus der Nordostwand unterhalb des Sandgipfels. Steinschlag und kleinere Felsstürze waren seit dem August die deutlichen Vorboten für ein grosses Ereignis. Von der obersten Abbruchstelle zog sich danach ein breiter klaffender Riss mitten durch das kleine Firnfeld unter dem Sandgipfel. Am 3. oder 4. Januar 1965 erfolgte dann der Hauptsturz, bei welchem an die 5,5 Millionen Kubikmeter Gestein zu Tale fuhren. (Zum Vergleich: Beim Bergsturz von Elm im Sernftal am 11. September 1881 stürzte eine Felsmasse von 10 Millionen Kubikmetern auf das Dorf und begrub 114 Menschen unter sich.) Zusammen mit dem Vorsturz und den kleineren Abbrüchen liegen heute rund 6,5 Millionen Kubikmeter Bergsturztrümmer auf der Röti und auf Obersand. Die früher mögliche Besteigung des Sandgipfels von der Fridolinshütte aus musste wegen des Felssturzes aus dem Clubführer gestrichen werden.

Haarscharf an der Katastrophe vorbei. Im Januar 1996 verschüttet ein Bergsturz vom Zuetribistock einen Teil der Alp Vorder Sand, zerstört Ställe, den Weg zur Fridolinshütte und trifft beinahe das Sammelbecken des Kraftwerks Linth-Limmern.

Steve Nann ist Sekundarlehrer und lebt in Niederurnen (GL). Nebenberuflich Fotograf, Publizist und Exkursionsleiter für naturwissenschaftliche Themen.

Albert Bosshard (1870–1948)

«Durch dieses Unternehmen in eine missliche Lage hineingekommen»
Christa Zopfi

Getrieben vom Anspruch, ein perfektes Panorama zu lithografieren, stieg Albert Bosshard unter tausend Leiden fünfzig Mal auf den Tödi. «Aufstieg vom Tierfehd zum Planurapass», Aquarell von 1913.

Linke Seite: Motoren dröhnen durch die Stille. Der Bau der Klausenstrasse 1893–1899 weckt das Glarner Hinterland aus seiner Abgeschiedenheit. 1922–1934 finden die berühmten Klausenrennen statt. Tourismusprospekt, nach 1930.

Flach fallen die ersten Sonnenstrahlen auf die Hänge der Medelserberge und tauchen sie in ockerfarbenes Licht. Auf dem Gipfel des Tödi sitzt ein Mann, betrachtet die Bergspitzen der Bündneralpen durch sein Fernglas. Dann legt er es ab, lässt seinen Blick über die Schneeflanke des Piz Mellen ins Somvixer Tal gleiten. Er ist trunken von der Schönheit dieser Bergwelt und gleichzeitig getrieben von seinem Anspruch, ein perfektes Panorama zu gestalten.
So kann man sich den Künstler Albert Bosshard vorstellen, der unter tausend Leiden mindestens fünfzig Mal den Gipfel des Tödi bestiegen und nach zwölf Jahren intensiver Arbeit erst einen Viertel des Werks druckreif bearbeitet hatte.

Albert Bosshard kam 1870 als Sohn eines Dorfschneiders im Zürcher Tösstal zur Welt und soll schon mit zwölf Jahren sein erstes Panorama gezeichnet haben. Später machte er eine Lehre als Lithograf und übte diesen Beruf lange Zeit aus, obwohl er stets den Wunsch nach selbständiger künstlerischer Tätigkeit verspürte.
Er galt als grüblerischer Mensch, der sich in der Welt nur schwer zurecht fand und darunter litt, wenn Künstlerkollegen und Städter sich abschätzig über Provinzler ausliessen. Nach einem Aufenthalt in Paris aquarellierte er 1890 ein Alpenpanorama und schrieb später dazu: «… diese Arbeit entsprang namentlich dem Drange nach völliger Stillung des Heimwehs nach den

Drama um ein monumentales Werk: Für Albert Bosshard war die objektiv richtige, naturgetreue Darstellung oberstes Gebot. Doch er scheiterte an seinem hohen Anspruch und an mangelnder Unterstützung. Von den zwölf geplanten Bildern waren nach zwölf Jahren Arbeit erst vier vollendet, als ihm der SAC den Auftrag kündigte.

Bergen, das ihn aus der Weltstadt Paris heimgetrieben hatte.» Er zeichnete vermehrt Panoramen, was seiner Liebe zur Natur und seinem Interesse an den Bergen entgegenkam. Das wissenschaftliche Rüstzeug dazu holte er sich bei Professor Albert Heim an der ETH in Zürich. Er übernahm dessen Kriterien für eine gute Panoramazeichnung: Die objektiv richtige, naturgetreue Darstellung war oberstes Gebot. Im Gegensatz zu Escher von der Linth, der seine Panoramen schnell skizzierte und zu Hause aus dem Gedächtnis und mit künstlerischer Intuition ergänzte, hielt sich Bosshard konsequent an die Realität.

1903 erhielt er vom SAC den Auftrag, ein Tödipanorama zu erstellen. Geplant waren zwölf Bilder mit einer Länge von 7,5 Metern, was eine unvorstellbare Detailarbeit verlangte. Albert Heim, der auch einmal den Tödi bestiegen hatte und die Aussicht festhalten wollte, schrieb: «Auf solcher Höhe, nach strengem Aufstieg, ist das Zeichnen viel schwieriger als weiter unten. […] Das ungeheure Meer der Berggipfel, wo alles von so hoch oben so nichtig, klein und ineinandergedrängt erscheint, wirkt verwirrend.»

Albert Bosshard scheute keine Mühe, stieg immer wieder auf den Tödi, schaute durch sein Fernglas und skizzierte. «Nur stete Beobachtung bei wechselnder Beleuchtung lässt eine genaue Kontur zustande kommen», schrieb er in seinen Aufzeichnungen. Die Atmosphäre verändert die Farben, lässt den Betrachter Tiefe und Entfernung empfinden und bringt Bewegung in die starren Fels- und Schneelandschaften. Bosshard rang darum, die innere Wahrheit des Erschauten und das naturgetreue Abbild eines Panoramaausschnitts zusammenzubringen. Es gelang ihm meisterhaft, Vorder-, Mittel- und Hintergrund ausgewogen zu gestalten, die Stimmung der Alpenwelt wiederzugeben und den geologischen Bau der Berge exakt abzubilden. Er vereinigte die wissenschaftliche Sicht mit dem künstlerischen Ausdruck.

Im Jahr 1911, als die ersten zwei Blätter vorlagen, bat er im Mitteilungsblatt des SAC um alte Pferdedecken und freiwillige Träger. Verzweifelt schrieb er: «Ohne tatkräftige Unterstützung ist mir die Fortsetzung der Aufnahmen unmöglich, ich bin ohnehin durch dieses Unternehmen in eine missliche Lage hineingekommen.» Er arbeitete aber weiter, und es gelang ihm in Blatt III, das Meer von Gipfeln dank der Luftfarben und der abgestuften Strichstärke sehr genau darzustellen. Albert Heim schrieb: «Kein Berg ist so trefflich gelegen wie der Tödi, um dieses in Kulissen übereinander aufgebaute Querprofil des Aaremassivs so gewaltig zur Anschauung zu bringen.» Und

er lobte Bosshard, der mit seinem geologischen Wissen und seiner künstlerischen Fähigkeit den Gebirgscharakter des Massivs eindrücklich dargestellt habe.

Nachdem 1915 Blatt III und IV gedruckt waren und die Vorarbeiten für weitere Blätter vorlagen, zog der SAC den Auftrag zurück. Die Gründe für das Scheitern des Projekts lagen nicht nur in Albert Bosshards zeitraubendem Arbeitsstil und in seinen künstlerischen Absichten, sondern überhaupt in der Entwicklung der Landschaftsdarstellung.

Vor 1800 erlebten die Menschen die Berge als bedrohlich und unnahbar. Nach der Aufklärung veränderte sich im 19. Jahrhundert die Beziehung zur Natur. Man hatte die göttliche Ehrfurcht verloren und war interessiert, die Berge zu entdecken und zu erobern. Das Panorama machte die Gipfelerlebnisse der Bergsteiger sichtbar und drückte ihr Denken und Empfinden aus; die Alpinisten fühlten sich als Bezwinger und hatten den Überblick. Nach dem Ersten Weltkrieg aber wurde es möglich, die Berge vom Flugzeug aus zu betrachten. Panoramen waren nicht mehr gefragt. Die Technik entwickelte sich rasch, die Wissenschafter interessierten sich für den Mikro- und den Makrokosmos.

Albert Bosshard erkannte diese Veränderung nicht. Er war als Panoramazeichner ein Spätling, stand zwischen zwei Zeitaltern und verschiedenen Seherfahrungen. Obwohl er überzeugt war, die Realität abzubilden, hielt er sich als Aquarellist und Künstler nicht an die Regeln der perspektivischen Darstellung, was bei seinen Malerkollegen auf Ablehnung stiess. Bosshard stand so im Widerspruch zwischen naturalistischem Abbild und flächenhaft abstrakter Bildgestaltung. Einen Aufbruch in seiner Malerei erlebte er zwischen 1929 und 1931, als er vom Kunstverein Winterthur ein Reisestipendium erhielt, was ihm einen Aufenthalt in Toulon ermöglichte. Die Bilder aus dieser Zeit sind farbiger und reicher an Welterleben: Der Blick über die Stadt, der Hafen und das Meer sind neue Motive, die ein anderes Lebensgefühl ausdrücken. Die Erfahrungen in Frankreich befruchteten Bosshards weiteres Schaffen sehr. In den letzten Jahren seines Lebens war er immer mehr ans Haus gebunden und malte streng gebaute Früchtestillleben. Er starb am 11. September 1948 an einem Herzschlag.

Christa Zopfi, freie Journalistin und Erwachsenenbildnerin in Obstalden (GL), Sportkletterin.

Nächste Doppelseite: Vom Massentourismus verschont. Die gewaltige Nordwestwand zwischen Sandgipfel und Piz Russein in der Abenddämmerung von der Planurahütte gesehen. Junge Kletterer haben die einsamen und höchst anspruchsvollen Wege neu entdeckt.

Im Röticouloir in der Ostwand des Tödi. Radierung von Albert Schmidt, 1994, 23 x 14,5 cm.

> Tödi
> Im Steinschlag
> auf schmalem Gesims in der Wand …
> Leben, wie glitzerst du reicher,
> Seele, wie du erzitterst
> im Schauern der Andacht!
>
> Hans Morgenthaler

Letzte Wege

Der Fels am Tödi ist brüchig, er ist kein schöner Kletterberg. Trotzdem haben die tausend Meter hohen Fels- und Eiswände, mit denen er gegen Nordwesten, Nordosten und Osten abfällt, die Spitzenbergsteiger zu jeder Zeit herausgefordert. Der Zürcher Mathematikprofessor Walter Gröbli und sein Führer Salomon Zweifel waren ihrer Zeit weit voraus, als sie am 9. August 1884 durch die Nordwestwand den Sandgipfel erreichten. Es war noch nicht die Zeit des Sturms auf die Nordwände. Auch der spätere Dichter Hans Morgenthaler und Walter Burger vom Akademischen Alpen-Club Zürich waren 1915 noch zu früh, als sie den steilen Eis- und Felsschlund versuchten, der direkt durch die Nordwestwand auf den Piz Russein führt. Die schwierigen Routen am Tödi bildeten am Anfang des 20. Jahrhunderts ein Tummelfeld für die Zürcher Akademiker, die den Berg von ihren Hochschulen aus täglich vor Augen hatten und ihn mit der Eisenbahn in kurzer Zeit erreichen konnten. Der lange und schwierige Nordgrat, verschiedene Routen in der Ostwand und der «Akademikerweg» in der gewaltigen Nordostwand des Bifertenstocks, des Tödi-«Zwillings», zeugen vom Leistungsdrang der Zürcher Studenten und Professoren.

Der schwierigste Aufstieg, die direkte Nordostwand des Piz Russein, gelang jedoch 1942 einem bescheidenen Webermeister aus dem Toggenburg – auch das nicht untypisch, denn in den Dreissigerjahren hatten auch Arbeiter das extreme Bergsteigen entdeckt und die grossen Nordwände der Alpen bestürmt. Die Besteigungsgeschichte des Tödi widerspiegelt die allgemeine Entwicklung des Alpinismus: In den Sechzigerjahren folgt die Winterbesteigung aller schwierigen Routen, dann fallen sie wieder in Vergessenheit. Erst in jüngster Zeit hat eine «Neuentdeckung» des Bergs durch junge Leistungsbergsteiger und Sportkletterer eingesetzt, Alleingänge im Sommer und Winter, Aufstiege in kürzester Zeit und wilde Skiabfahrten. Dabei haben sich Glarner Bergsteiger und Führer in Erinnerung gerufen, vor allem Fritz Zimmermann aus Schwändi mit der Erstbesteigung des Ostpfeilers im Alleingang, der «schönsten Kletterei am Tödi», die hier erstmals publiziert ist.

Die grossen Wände des Tödi, so steil und herausfordernd sie auch aussehen, sind vom modernen Massenalpinismus verschont geblieben. Zu brüchig der Fels, zu gefährlich der Eisschlag von den Hängegletschern am Gipfel. Ganze Wände sind schon abgestürzt und haben Routen unbesteigbar gemacht, wie jene in der Nordostwand von Karl Brühwiler und Jakob Schiltknecht. Während die Skirouten im Winter manchmal fast wie Pisten aussehen, sind die Wege durch die Wände des Tödi einsam geblieben.

Paul Schafflützel (1913–1944)

«Das letzte Geheimnis des Königs»

Künstler am Berg, Künstler des Wortes. Der Webermeister Paul Schafflützel berichtete in leichter, rhythmischer Sprache von seinen grossen Fahrten. Er sah den verschneiten Tödi als «Herrscher unter den Bergen des Glarner Landes», dessen letztes Geheimnis er enthüllte.

Rechte Seite: Felsen und Fabriken. Das Glarnerland war schon im 19. Jahrhundert ein Industrietal. Doch die Arbeiter brachen erst ab Mitte des 20. Jahrhunderts zu den Gipfeln auf.

«Man muss ihn selbst gesehen haben, dort von den sonnigen Terrassen auf Braunwald aus, wenn silbernes Licht über den verschneiten Gipfeln liegt und die Firne sich baden in winterlichem Glanz! Aus dem weiten, strahlenden Kranz wächst er empor, herrlich und majestätisch wie ein König, wie ein Herrscher unter den Bergen des Glarner Landes: der Tödi!» Dies schreibt kein Dichter, sondern ein einfacher Webermeister aus dem Toggenburg, und als diese Zeilen erscheinen – unter dem schlichten Titel «Aus dem Tödigebiet. Von grossen, seltenen Fahrten» –, da ist er schon tot.

Paul Schafflützel war einer der stärksten Alpinisten der Schweiz, hatte schwierige Felsrouten in den Kreuzbergen im Alpstein erschlossen und alle grossen Wände am Tödi gemeistert. Es war Krieg, die grossen Nordwände der Alpen am Eiger, am Matterhorn und an den Grandes Jorasses waren durchstiegen, doch die Nordostwand des Piz Russein, die schon Hans Morgenthaler versucht hatte, harrte noch ihrer Begehung. Sie sei «das letzte Geheimnis des Königs der Glarnerberge», schreibt Schafflützel in seinem Bericht über die Erstbesteigung am 26. Juli 1942 mit Ernst Anderegg, über ins Eis gehackte «Himmelsleitern» und durch «Höllenschlünde» (Text S. 126). Schafflützels Prosa liest sich so leicht und schnell, wie sein Rhythmus des Kletterns gewesen sein muss. Trotz des Aktivdiensts verbrachte er fast jedes Wochenende in den Bergen. «Paul gehörte zu jenen Alpinisten, denen das Bergsteigen innerstes Bedürfnis ist. Konnte er auch an einfachsten Touren seine Freude haben, so beherrschte er anderseits die Technik schwerster Fahrten, mit der Virtuosität eines Klavierspielers vergleichbar. Und er war ein Künstler der Kletterei. Ihm zuzusehen, war ein Genuss auserlesenster Art. Fast sah es aus wie ein Spiel mit dem Berg», schrieb ein Freund im Nachruf. Warum er am 17. Oktober 1944 in der Westwand des Schafbergs über Wildhaus abstürzte, bleibt ein Geheimnis. Er war 31 Jahre alt und allein wie oft, wenn er in die Berge ging.

Die Erstbesteigung der direkten Nordwestwand

«Ein wahrer Höllenschlund»
Paul Schafflützel

Schang, der Hüttenwart auf der Planura, hatte uns zur Tür hinaus geleuchtet. Eigenartig lau war's, es tropfte vom Hüttendach. Noch immer jagten schwarze Sturmwolken von Westen her, wie aufgescheuchte Gespenster zog bisweilen greller Mondschein über den bleichen Sandfirn. Doch das nächtliche Gewitter hatte sich verzogen, und es versprach ein guter Tag zu werden.

Als dunkler Drohfinger reckte sich der Felszahn des Kleinen Tödi in die blasse Dämmerung. Unserer frohen Zuversicht tat das keinen Abbruch, denn wir beide, Ernst Anderegg und ich, waren fest entschlossen, die «direkte» Tödi-Nordwand zu versuchen. Die Westwandpartien wunderten sich nicht wenig, als wir vom flachen Sattel hinter dem Kleintödi plötzlich links abbogen, zum Fuss der Wand hinüber. «Nur öppis luege!» beruhigten wir sie.

Weit offen klaffte der Bergschrund. Bald hatten wir den einzig möglichen Übergang entdeckt. Ein Neuschneerutsch hatte ihn gebildet. Schweigend trafen wir die Vorbereitungen. Ein letzter Blick in die Augen meines Kameraden. Dann machte ich mich gut gesichert im trügerischen Weichschnee der Randkluft zu schaffen. Fast übermütig frass der Pickel Griff und Tritt ins spröde Eis der Oberlippe, und dann war der Weg frei. Eine gute Seillänge noch reihte sich Kerbe an Kerbe hinauf zu den ersten schwarzen Felsen.

Wir trachteten, möglichst rasch nach links in die Gipfelfallinie zu gelangen. Leicht ansteigend querten wir auf exponierten Gesimsen, übermorschen Rippen und glasigen Rillen hinaus in die Wand. «Rechter Tödigerümpel», meint scherzhaft mein Gefährte. Neuschnee klebte in allen Ritzen, überall tropfte es, rann Schmelzwasser über faule Schieferfelsen. Eine Blankeisrinne, die vom flachen Gletscherboden hinaufstreicht zum Westgrat, zwang uns, die Steigeisen anzuziehen. Bange schauten wir manchmal hinauf zu den drohenden Gendarmen, denn ab und zu pfiff es an uns vorbei und trieb uns zu grösster Eile an.

Einige brüchige Rippen querend, erhielten wir Einblick in die riesige Wandeinbuchtung, die im steilen Aufbau 600 Meter hinaufschiesst zum Gipfel des Piz Russein. Was wir da erblickten, sah nicht verlockend aus! Das «untere Schneefeld» – steil wie ein Kirchendach – präsentierte sich als eine einzige, schwarzgraue Eisgurgel, die stundenlange, gefahrvolle Arbeit versprach. Wir hielten uns deshalb an die westliche Begrenzungsrippe und näherten uns rasch der mittleren, felsigen Wandzone. Mächtige, jäh aufstrebende Pfeiler bauen sich in geschlossener Wucht auf. Sie drängten uns hinein in die enge Felskehle, die allein den Zugang zum «obern Schneefeld» vermittelt.

Hier begann ein beharrliches Ringen. Abwärtsgeschichtet der Fels, vom Steinschlag rasiert, findet sich gerade das Notwendigste an Haltepunkten. Untätig baumelte der Hammer am Handgelenk, keine Ritze wollte einen schlanken Stift aufnehmen. Und dann jenes bange, nervenangreifende Gefühl, schutzlos den Gewalten des Berges ausgeliefert zu sein – welcher Bergsteiger kennt das nicht! Doch meistens ist es nichts «von Belang», ein paar Eiszapfen nur klirren der Tiefe zu. Wie froh waren wir, als endlich über der Kante das grosse obere Firnfeld auftauchte. Der Übergang jedoch sah fürchterlich aus! Auf steilem Plattenschild lag eine fingerdicke Eisglasur, die auch bei schonendster Behandlung mit hohlem Knall in Stücke sprang. Von zuverlässigem Sichern war da keine Rede

Einstieg in den Höllenschlund: extrem schwieriges kombiniertes Gelände in der direkten Nordwestwand.

mehr, jeder traute nur seinem Freund. Gab es denn in dieser Wand keinen harten, körnigen Firn, von dem wir gestern noch geträumt hatten, sondern nur graues, glasiges Eis? Den Versuch, allein mit den Steigeisen auszukommen, gaben wir bald auf. Tritt um Tritt musste sorgfältig geschlagen werden.

Und so «zimmerten» wir uns denn eine Himmelsleiter gipfelwärts. Ohne Hast, doch mit wachsender Besorgnis widmeten wir uns abwechselnd der aufreibenden Arbeit. – Denn weit hinaus war dunkel überschattet das weite Land, und drüben am Bocktschingel braute sich etwas Unheimliches zusammen. Schwarze Fetzen trieben über die Firnkante des Westgrats herein. Es dämmerte fast. Sicher lag jetzt Schang, der «Planuratiger», mit seinem Zeiss auf der Lauer. Beruhigt hackten wir weiter. Ein halbes Dutzend Seillängen reihte sich Tritt an Tritt, wie eine Perlenschnur. Etwas links haltend, standen wir aufatmend unter dem letzten, felsigen Bollwerk auf abschüssiger Rampe beisammen. Ermunternd klopfte mein Kamerad mir auf die Schulter.

Doch bald trieb uns die Spannung weiter, hinein in die schaurige Gipfelschlucht. Ein wahrer Höllenschlund! Keuchend und kratzend, in unmöglicher Stellung in eisgepflasterten Rissen verkeilt, kämpften wir zäh und verbissen. Aus durchgekletterten Fingern sickerte das Blut; loses Zeug fuhr polternd in die Tiefe. Wir achteten es kaum, so angespannt war jede Faser.

Es war nachmittags drei Uhr, als Ernst die letzten Stufen hinausführte zur weissen, nebelumwobenen Spitze des Piz Russein. Gewitterschwer war die Luft. Unter der Gipfelwächte hielten wir nach elfstündigem Anstieg die erste, wohlverdiente Rast. Wir sprachen nicht viel. Ein Leuchten ist in den Augen, und im Herzen ist das frohe Bewusstsein, dass der König der Glarner Berge uns sein letztes Geheimnis enthüllt hat.

Aus: «Die Alpen», 1946.

Auf einer Himmelsleiter in der Nordwestwand: Kletterer mit moderner Eisausrüstung brauchen keine Stufen mehr zu hacken.

David Schiesser-Zimmermann (1921–1977) und die Extremen

«Dr Tödi Däv»

Extrembergsteiger und Lebensretter: «Tödi Däv» David Schiesser-Zimmermann war kein Mann der grossen Worte. Der Stoffdruckermeister leistete Pionierarbeit in der alpinen Rettungstechnik – und am Berg.

Rechte Seite: «Tödi Däv» in der Schlüsselstelle des Röticouloirs in der Ostwand während der ersten Winterdurchsteigung 1969.

Er unterschrieb mit dem Schriftzug «Tödi Däv». David Schiesser, Sohn einer Arbeiterfamilie aus Nidfurn, kam per Zufall zu seiner ersten Tödibesteigung und seinem Pseudonym. 1941, während des Aktivdienstes in Linthal, fragt der Bergführer Balz Hefti den jungen Soldaten, ob er ihn als Träger mit einem Touristen auf den Tödi begleiten wolle. David sagt zu, kauft im Dorfladen Kondensmilch und Brot, entlehnt einen Eispickel und macht sich auf den Weg – ohne Bewilligung des Hauptmanns. Am Abend warten die Unteroffiziere der Glarner Füsilier-Kompanie I/85 im «Raben» vergeblich auf den Fassmann Schiesser. Er fehlt auch beim Hauptverlesen, denn er sitzt schon in der Fridolinshütte beim Znacht mit dem Bergführer und seinem Gast. Am andern Tag steht er auf dem Tödi, schaut mit dem Feldstecher ins Tal hinab, berauscht von Glück.

Hauptmann Melchior Hefti, Sohn des Schlossers, Regierungs- und Ständerats der «Demokratischen und Arbeiterpartei», kommandiert David «zur Strafe» in einen Hochgebirgskurs der Armee ab. Fortan heisst er «dr Tödi Däv».

Mit der Gebirgsausbildung in der Armee begann Dävs Laufbahn als Extrembergsteiger, die ihn in die schwierigsten Kletterwände der Dolomiten, des Bergells, des Alpsteins und Rätikons, auf alle Viertausender der Alpen und auf einen Sechstausender im Hindukusch führte. Und über dreissig Mal auf den Hausberg, den Tödi. Als Fabrikler ohne Berufslehre arbeitete er sich gleichzeitig zum Druckermeister in der Stoffdruckerei Blumer in Schwanden empor. Däv war «kein Mann der grossen Worte und Gebärden», schreibt der Lokalhistoriker Heinrich Stüssi, «ein bescheidener Bürger unter Bürgern».

Doch Bergsteiger sind Aufsteiger. Tödi Däv gehört zur Nachkriegsgeneration von Extremalpinisten, die aus dem Arbeitermilieu

**Bergsteiger sind Aufsteiger.
Die Extremkletter-Elite der
Fünfziger- und Sechziger-
jahre schaffte schwierige
Aufstiege am Berg wie den
wilden Nordgrat des Sand-
gipfels, strebte aber auch
in Beruf und Gesellschaft
erfolgreich nach oben.**

stammten, ihre Leistungskraft am Berg be-
wiesen und dadurch beruflich und gesell-
schaftlich Karriere machten. Der Webermeister Paul Schafflützel war von diesem
Schlag, aber auch die berühmten Vorbilder
wie Hermann Buhl, Toni Hiebeler, Gaston
Rébuffat, Lionel Terray und Walter Bonatti.
Der ursprünglich elitäre und akademisch
dominierte Alpen-Club begann sich allmählich zu öffnen. Auch Arbeiter fanden
die zwei «Paten», die einen zur Aufnahme
empfehlen mussten, wenn sie sich bergstei-
gerisch genügend qualifiziert hatten.
Die Extremkletter-Elite im Glarner Industrietal, die sich in den Fünfziger- und Sechzigerjahren wieder für den Tödi zu interessie-
ren begann, bestand zu einem guten Teil

aus solchen Bergsteiger-Aufsteigern. Albert
Schmidt, dem mit Tödi Däv, Heinz Leuzinger
und Hans Fischli 1969 die erste Winterbesteigung des Röticouloirs in der Tödi-
Ostwand gelang, war ursprünglich Bäcker-
Konditor, bildete sich zum Zeichenlehrer
weiter und ist heute ein bekannter Künstler, Fotograf und Buchautor. Der Erlebnis-
bericht über diese Tour war sein erster lite-
rarischer Beitrag für die Zeitschrift «Die
Alpen» (Text S. 132). Der Toggenburger Her-
bert Brühwiler, der eine schwierige Route
in der Nordostwand eröffnete, arbeitete als
Technischer Angestellter im Elektrizitäts-
werk in Schwanden. Auch das Bergsteigen
selber bot mehr und mehr Möglichkeiten,
sich beruflich oder nebenberuflich zu profi-
lieren. Heinz Leuzinger, Bäcker-Konditor, der
ebenfalls dabei war, wurde Bergführer und
Instruktor bei der Armee und betätigt sich
ebenfalls als Kunstmaler.
Tödi Däv wurde nach dem Zweiten Weltkrieg Leiter der Jugendorganisation der
SAC-Sektion Tödi und 1957 ihr Rettungschef. Sein zweites Jahr brachte einen «un-
heilvollen Sommer»; bei 17 Unfällen waren
13 Tote zu bergen – darunter drei Abge-
stürzte in der Tödi-Westwand. Helikopter-
einsätze gab es noch kaum, die Rettungskolonne trug die Opfer ins Tal. Er rettete
aber auch Leben, zum Beispiel kurz vor
Weihnachten 1970, als Paul Betschart im
Abstieg vom Tödi in einen Spalt einbrach
und ihn sein Seilgefährte Sepp Zurfluh
nicht mehr herausziehen konnte. Die beiden Urner Kletterer hatten eben die erste
Winterbesteigung der direkten Nordwestwand mit einem Biwak hinter sich. Betschart verbrachte nochmals eine Nacht in
der Gletscherspalte auf dem Bifertenfirn,
während Zurfluh allein zur Fridolinshütte
abstieg und die Rettungsmannschaft alar-
mierte. Mit einem Helikopter der Rettungsflugwacht holte Tödi Däv den Verunglück-

Albert Schmidt (geboren 1942) ist einer der wenigen Extremalpinisten, die ihre Erlebnisse am Berg in künstlerischen Formen verarbeiten. Dreiteiliger Holzstich zur Winterbegehung des Röticouloirs, 1997, 20,8 x 18,5 cm.

ten aus seiner Eisgruft – die Finger waren ihm erfroren, wie einst dem Schriftsteller Hans Morgenthaler an fast derselben Stelle.

Tödi Däv war an der raschen Entwicklung des Rettungswesens in den Sechzigerjahren beteiligt, wurde Flughelfer bei der Rettungsflugwacht und machte Schlagzeilen bei der Bergung des Tschechen Lednar aus der Matterhorn-Nordwand. Er liess sich an einem Seil aus dem schwebenden Helikopter zum Verunfallten in der Wand hinab und holte ihn heraus, noch bevor die Technik der Seilwinden entwickelt war.

Sein letzter Einsatz am 18. Februar 1975 galt nochmals dem Tödi. Zwei Soldaten hatten sich ohne Erlaubnis auf eine Skitour begeben und wurden vermisst – was Tödi Däv an den Beginn seiner eigenen Laufbahn erinnerte. Es herrschte Lawinengefahr, Däv konnte einen Armeehelikopter auftreiben und fand die beiden unversehrt im Abstieg. Mehr als 80 Tote hatte er als Rettungschef bergen helfen, doch sein letzter Einsatz endete glücklich, und deshalb nannte er ihn «seinen schönsten». Zwei Jahre später starb Tödi Däv an einem Krebsleiden, erst 56 Jahre alt.

Nach einem Text von Heinrich Stüssi im «Neujahrsboten für das Glarner Hinterland 1977».

Erste Winterbegehung der Tödi-Nordostwand

«Geduldet als Gast in einem stolzen Reich»
Albert Schmidt

Es ist ziemlich kalt, und der Morgen lässt einen schönen, durch eine Föhnlage gezeichneten Tag erwarten. Die Verhältnisse sind ausgezeichnet. Der Föhnsturm, der Anfang der vergangenen Woche wütete, hat jede Mulde und jeden Hang vom Neuschnee freigefegt und ihn in alle Winde zerstäubt. Wir haben einen ausgezeichneten Blick in die Steilrampe der Route, über der sich die Eisbrüche und Hängegletscher in voller Grösse wölben.

Wir schlüpfen in Überhosen und schnallen die Steigeisen unter. Wie ich mich wieder aufrichte, beleuchtet schon die Sonne mit einem zarten Rosa die Felsen und Gletscher des Gipfels. «Jetzt sollten wir schon im Couloir sein», sage ich zu David, einer Gewohnheit der Sommerzeit folgend. In diesem Moment hören wir ein fernes Rumpeln; es schwillt rasch an zu einem Grollen, das tief aus dem Berg zu kommen scheint. Endlich entdecken wir auf der Terrasse, hoch oben zwischen den Gletscherbrüchen, polternde Eisblöcke. Immer mehr kommen zum Vorschein, jagen durcheinander und schiessen schliesslich durch einen Trichter über den grossen Abbruch hinaus. Eine Eislawine! Mehr und mehr stürzen nach, zerschellen fallend an den Felswänden des Couloirs, und wie ein Fallschirm entfaltet sich eine Staubwolke, wächst zu riesenhafter Grösse an und jagt durchs Couloir, während sich der Lärm zu einem ohrenbetäubenden Krachen steigert. Nun fegt die Staubwolke der Lawine über den darunterliegenden Hang, springt über die nächste Felsstufe, verschwindet, breitet sich unten auf dem Rötifirn aus und sinkt zusammen, unter verstummendem Rollen, ähnlich einem sich legenden Fallschirm ...

Bewegungslos sind wir dagestanden auf unserer Kuppe in 300 Meter Entfernung und haben wie von einer Theaterloge aus sprachlos das Schauspiel des Berges verfolgt. Jetzt löst sich der Bann, verdrängt durch einen Sturm der Erregung. Eine Stunde früher wären wir an der engsten Stelle gestanden! Wie werden jetzt die Verhältnisse im Couloir sein? Nun, sehen wir uns die Bescherung einmal aus der Nähe an ...

Als wir in den Bereich des Couloirs gelangen, merken wir, dass wir gleichzeitig den Schutz der Felswände am Sandgipfel verlassen haben. Nicht nur von links und der Mitte her, auch von rechts hängt jetzt ein gewaltiger Eisabbruch über der Wand. Nein, hier ist nicht der Ort, wo lange Überlegungen angezeigt sind! Der direkte Aufstieg in den Engpass des Couloirs wäre kurz, aber die Gefahr zwingt uns zu einem Umweg. Wir steigen etwas ab, hasten über einen vereisten Bach und können nun in geringer Deckung eines Felskopfes über einen sehr steilen Hang aufsteigen. Der Schnee ist durch die Lawine hart und zerfurcht geworden. So gelangen wir in den Grund des riesigen Trichters, der den Aufbau des Tödi prägt. Über diesen düsteren Kessel wuchtet der Berg in gewaltiger Grösse, Wände und Kanten bauen sich auf aus schwarzem Fels, der glatt und abwärtsgeschichtet ist und von Wassereis überzogen, durchfurcht von Kaminen, Rissen und Verschneidungen, die mit Schnee gefüllt sind und mit diesem weissen Netz aus Armen und Spinnenbeinen die Felsen überspannen. Und darüber in kaltem Blau und Grau die Gletscherfronten, nur zuoberst, vor dem hellen Himmel, glitzernd im Sonnenlicht. Senkrecht fällt der mittlere Gletscherbruch hinunter in

Blick hinauf: In den Eisfeldern der Nordostwand unterhalb der Gipfelfelsen des Glarner Tödi (oben).
Blick hinab: Die Sonne brennt. Das gefährliche Röticouloir ist überwunden. Ernst Willi sichert Heinrich Elmer, während Albert Schmidt fotografiert (unten).

Nächste Doppelseite: Glück gehabt! Eisschlag kracht durchs Röticouloir (links), kurz nachdem die Kletterer die Schlüsselstelle überwunden haben (rechts).

den Felstrichter und endigt nicht weit über uns. Mit Bewunderung, aber auch mit Unruhe nimmt der Bergsteiger diese Eindrücke in sich auf, schweigend und still für sich, denn hier fühlt er sich klein und nichtig, geduldet als Gast in einem stolzen Reich …

Zum Glück beginnt hier der Felskopf mit einem Überhang. In seinem Schutz holen wir die Eisausrüstung aus dem Rucksack zu Hilfe; dafür verschwindet der Photoapparat darin. Sein Gebrauch ist uns jetzt zu zeitraubend! Die nun folgende Schlüsselstelle besteht aus einem steilen Felsaufschwung, der jedoch durch eine Wassereisschicht von 20 bis 30 Zentimetern zugedeckt ist. Die Stelle verlangt eine sichere Eistechnik, dazu aber grösste Eile, denn sie liegt schutzlos in der Fallinie der Eislawine. – Wir schauen hinauf. Kleine Eissplitter springen, vom Wind getrieben, herab; sonst ist es ruhig. Im Blankeis quere ich schnell hinaus und gehe sofort das senkrechte Eis an. Nur zwei Eisschrauben bringe ich an, dazwischen behelfe ich mich mit dem kurz eingeschlagenen Eishaken, der mir für die linke Hand Halt gibt. Das Eis ist gut, so dass ich mich oft nur auf die äussersten Spitzen der Frontzacken verlasse. Auf abschüssigem Stand sichere ich David an einem Haken. Er steigt schnell nach, ruhig, wie es seine Art ist. Kaum ist er da, klettere ich weiter an abschüssigem Fels, auf dem meist Eis und Schnee hohl aufliegen. Deshalb verliere ich keine Zeit mit dem Versuch, eine Zwischensicherung anzubringen; aber erst vom Stand aus erkenne ich die ausserordentliche Steilheit. Während David den Standhaken herauspickelt, kann ich es doch nicht unterlassen, schnell ein Bild vom eindrücklichen Tiefblick in die Schlüsselstelle zu machen. Dann klettern wir in einer 50 Grad steilen, harten Schneerinne weiter. Nach einigen Seillängen leitet uns eine exponierte Kehle auf eine felsige Rippe.

Bald steigen wir weiter über die Rippe, die sich nach einigen Felsen im obersten Teil der Rampe verliert. Wie in einer schmalen Eiswand geht's gerade empor; der Schnee ist hart, der Schuh sitzt bei kräftigem Auftritt wie angegossen. Selten trifft man in einer sommerlichen Eiswand derart gute Verhältnisse an.

Endlich endet die Rampe und bricht unvermittelt in eine zerrissene Schlucht der Ostwand ab. Wir traversieren die sehr steile Flanke nach rechts zu einem Felsriegel und erreichen, vom Stand abwärts querend und einen Schrund überspringend, die Gletscherterrasse. Über diese Terrasse führt die Route aus den Eisbrüchen hinaus – und auf die Gipfelabdachung.

Unser Tempo ist langsamer geworden, und wie sich der Hang etwas verflacht und rechts über uns der Sandgipfel auftaucht, hocken wir uns in den Schnee und essen etwas. Endlich scheinen wir die Höhe des Bifertenstocks erreicht zu haben!

Ein kalter Wind bläst vom Gipfel her Triebschnee über uns weg. Bald wird die Rast ungemütlich, und wir raffen uns wieder auf. Endlos erstrecken sich die Hänge hinauf zu den beiden Gipfeln. Langsam, aber unbeirrbar kommen wir höher; kleine Spalten bringen etwas Abwechslung, und der Schnee, vom ewigen Wind gefurcht, wird wieder gepresster. Mit zunehmender Höhe umgibt uns eine immer grenzenlosere Weite; die Beleuchtung ist vom schattigen Dunkel der engen Wand in eine verschwommene Helle aus zartem Blau, Gelb und Silber übergegangen, und die wilden Formen der Felsen und Gletscher werden hier oben abgelöst von den ruhigen Flächen der Gipfelkappe und den klaren Linien der sie begrenzenden Grate.

Um 15 Uhr reichen wir uns auf dem Simlergrat zwischen dem Glarner Tödi und dem Piz Russein freudig die Hände. Dann steigen wir noch auf die nahe Eiskuppe des Glarner Tödi.

Die Sonne steht schon tief und versinkt in Gewölk und graue Nebel. Im Süden lauert eine dunkle Wolkenbank über den Bergketten, und die Täler fallen schon in dämmrige Schatten. Kälte und Wind kriechen unter unsere verschwitzte Bekleidung. Der Abstieg zur Fridolinshütte wird noch hart und gefährlich werden, denn die unzähligen Spalten des Bifertengletschers sind noch nicht tragfähig zugedeckt und Skier haben wir ja nicht. In ein bis zwei Stunden wird uns der aufziehende Sturm mit der Winternacht zusammen einholen. Es ist höchste Zeit zum Aufbruch.

Aus: «Die Alpen», 1970.

Albert Schmidt ist in Engi (GL) aufgewachsen. Er lebt heute als Zeichnungslehrer in Basel. Bildender Künstler, Fotograf und Buchautor. Extremalpinist und Gleitschirmflieger.

Fritz Zimmermann (1973–1997)

«Wohl die schönste Kletterei auf den Tödi»

Fritz Zimmermann wuchs in Schwändi auf, im Bergdorf am Abhang des Glärnisch, von wo sich ein einzigartiger Blick bietet über das Glarner Hinterland zum Tödi. Während der Primarschule im Dorfschulhaus hatte er den Berg ständig vor Augen, der im Süden stand und lockte. Er war der älteste Sohn der Bergbauernfamilie im «Schüpfen», dem obersten Hof am Berg, ein stiller junger Mann mit klarem Blick und starkem Willen. «Für ihn gab es nie ein Umkehren», sagt ein Freund. Fritz lernte Zimmermann und wollte später den Hof vom Vater übernehmen. Er machte wenig Aufhebens von seinen Fels- und Eistouren, die er oftmals allein durchführte, im Sommer und im Winter, im Glarnerland und im Berner Oberland. Erst sein sauber und genau geführtes Tourenbuch zeigt, dass er Leistungen vollbrachte, die sich mit denen der grössten Alpinisten der Gegenwart vergleichen lassen. Fritz meisterte alle grossen Routen am Tödi im Sommer und im Winter und eine Erstbegehung im Alleingang.

Es ist Sommer 1995. Ende Juli fährt Fritz allein ins Berner Oberland, eröffnet eine neue Route in der Nordwand des Gletscherhorns, «Durch Teufels Küche» nennt er sie, dann steigt er aufs Schreckhorn, auf den Mönch über die Lauperroute der Nordwand und aufs Wetterhorn. Er kehrt kurz nach Hause zurück, hilft beim Heuen, bricht am 4. August abends um fünf Uhr zur Fridolinshütte auf und klettert anderntags auf einer neuen Route über den Ostpfeiler auf den Sandgipfel, in gerade dreieinhalb Stunden, mit Kletterfinken und ohne einen Haken zu schlagen, obwohl die Schwierigkeiten im Fels im vierten und fünften Grad liegen und der Fels manchmal nass und nicht immer fest ist. Die Route nennt er «Maggi-Gedächtnisweg».

Nie umgekehrt: Fritz Zimmermann fotografiert seinen Seilgefährten Marcel Kraaz im steilen Eis in der Nordwestwand.

Erstbegehung des Sandgipfel-Ostpfeilers im Alleingang

«Maggi-Gedächtnisweg»

Fritz Zimmermann

Ich stand zusammen mit Hans Rauner mit Gästen um 4 Uhr auf. Um 4 Uhr 30 ging ich von der Hütte los, stieg in anderthalb Stunden über die Gneisrippe zum Ostpfeiler, 50 Meter rechts des grossen Trichters des Röticouloirs. Dort zog ich die Kletterfinken an. Zuerst stieg ich über Platten unter einen Kamin (III), durch den nach rechts ziehenden Kamin hoch (V). Nach links haltend in eine Verschneidung, durch diese hoch (V–), auf eine Platte, über diese (IV) nach rechts in einen Kamin. Im Kamin hoch, nach rechts (V) auf eine rauhe schöne Platte, nun auf ihr rechts hoch queren (IV+) in einen grossen und tiefen Stemmkamin. In diesem hoch (zuerst wacklige Blöcke) (V+) in eine Verschneidung bis diese überhängend wird. Nun folgt eine ausgesetzte links-rechts Platte (V) um wieder in die Verschneidung zu gelangen. Der nun folgende Kamin wird überwunden, und man steigt im oberen Teil aus ihm heraus nach links (IV+) um einen Überhang herum auf den grossen Pfeilerkopf. Der nächste Kopf wird überwunden. Nun steigt man in eine tiefe Scharte. Es folgt ein kurzer Abstieg (4 m). Man umgeht nun den sehr stotzigen [steilen] Aufschwung nach links herum (V–) in gutem, aber nassem Fels. Es folgt gestuftes, leichteres Gelände bis zum letzten Aufschwung (III–IV). Der folgende letzte Aufschwung wird etwas links der Kante durch eine Platte und zuletzt durch eine Verschneidung erklommen. Es folgen noch ca. 150 Meter Geröll bis zum Sandgipfel.

Ich querte unter dem Sandgipfel über den Firn zum Hauptgipfel, wo ich um 8 Uhr ankam. Hütte–Gipfel dreieinhalb Stunden. Dann funkte ich mit Hans, der mit seinen Gästen auf ca. 3100 m war. Ich nahm die Normalroute als Abstieg, kam bei Hans vorbei und um 10 Uhr war ich wieder in der Fridolinshütte.

Bei der neuen Route handelt es sich wohl um die schönste Kletterei auf den Tödi. Maggi/Rinderknecht stiegen bei ihrer Route weiter rechts ein und kreuzten im oberen Teil die neue Route.

Schwierigkeit IV–V, eine Stelle V+.

10 bis 12 Stunden von der Hütte zum Gipfel. Es stecken noch keine Haken.

Aus dem Tourenbuch von Fritz Zimmermann, 5. August 1995.

Fritz Zimmermann meisterte alle schwierigen Routen am Tödi – im Sommer und im Winter und oft allein.

Schönste Route am Tödi. In dreieinhalb Stunden kletterte Fritz Zimmermann erstmals über den Pfeiler rechts des Röticouloirs, im Alleingang und ohne einen Haken zu schlagen.

Linke Seite: Aufstieg durch die Westwand im Winter. Hier fuhr Fritz Zimmermann mit den Ski hinab – bei 100 Kilometern Sturm und minus 25 Grad.

Vor hundert Jahren erstmals begangen: Schlüsselstelle im splittrigen Gestein der klassischen Route in der Ostwand. Die schwierigen Routen am Tödi verlangen auch heute noch Umsicht, Erfahrung und gute Ausrüstung. Fast unvorstellbar, wie die Pioniere in Nagelschuhen, mit Hanfseilen und ohne Sicherungshaken solch anspruchsvolle Aufstiege meisterten.

Der Name erinnert an Demetrio Maggi vom Akademischen Alpen-Club Zürich, der 1904 mit seinem Seilgefährten Rinderknecht eine Route durch die Ostwand gelegt hatte, rechts des Pfeilers beginnend und oben nach links über Gletscherbalkone aussteigend. Die Bergstürze im Jahr 1965 haben sie unbegehbar gemacht, wie auch jene von Karl Brühwiler und Jakob Schiltknecht durch die Nordostwand vom vorderen Rötifirn aus. Fritz Zimmermann wagt sich als Erster wieder in einen Teil der kompliziert gebauten Tödi-Ostwand, der seit dem Bergsturz gemieden wird. Und entdeckt dabei «wohl die schönste Kletterei auf den Tödi» (Text S. 139). Er erreicht den Gipfel schon um 8 Uhr morgens, am nächsten Tag klettert er am Signalstock über dem Urnerboden in einer Route im achten Grad. Er ist auch Sportkletterer, trainiert in der Halle und im Klettergarten.

Das Tourenbuch des jungen Spitzenalpinisten ist nicht nur ein Dokument seiner eigenen, fast unglaublichen Leistungen und seiner Kühnheit, es weckt auch Bewunderung für die Pioniere, die Jahrzehnte zuvor die grossen Wände durchstiegen hatten. In der Nordwestwand des Sandgipfels, die Salomon Zweifel und Walter Gröbli 1884 begangen hatten, findet Fritz Zimmermann 85 Grad steiles Eis und Fels bis zum oberen vierten Grad. Er unternimmt die erste Winterbegehung und die erste Winter-Alleinbegehung. Am Nordgrat, den die Zürcher Akademiker Guido Miescher und Karl Steiner 1911 in 13 Stunden erstmals hochkletterten, bewertet Fritz die schwierigste Seillänge mit einem unteren sechsten Grad. Eine unerhörte Leistung für die damalige Zeit. Und ebenso unerhört die Leistung von Fritz, der den Grat in eindreiviertel Stunden im Alleingang klettert – direkt vom Tal aus, ohne in der Hütte zu übernachten. «Mit dem schweren Rucksack stieg ich in die schwerste Seillänge ein, wo ich noch einen Griff demontierte und demzufolge auch einen der beiden Haken», vermerkt er im Tourenbuch. Es erscheint fast selbstverständlich, dass er auch die schwierigste Route in der Nordwestwand klettert, zusammen mit Marcel Kraaz, nachdem sich seit Jahren niemand mehr in den «Höllenschlund» gewagt hat. Auf Schafflützels Route finden die beiden Eis bis 85 Grad, eine Stelle sogar senkrecht, und Felsstellen im fünften Grad. Zur Sicherung setzen sie mehrere Bohrhaken.

Im Sommer 1996 baut Fritz Zimmermann an einem Stall für den eigenen Hof, es ist nass, er gleitet auf dem Dach aus und stürzt unglücklich auf einen Balken. Bei dem schweren Unfall verliert er eine Niere, seine Lunge ist geschwächt. Doch im Herbst klettert er wieder. Und am zweiten Weihnachtstag steigt er allein auf den Tödi, marschiert morgens um sechs Uhr im Tierfehd bei dichtem Nebel ab, ist um 13 Uhr auf dem Gipfel, über den ein Sturm mit 100 Kilometern pro Stunde fegt. Es ist 25 Grad unter Null. Trotzdem fährt er mit den Ski über die Westwand hinab und ist nachmittags um drei wieder im Tierfehd.

Einen Monat später trifft er in Santiago de Chile drei Freunde, um den 6800 Meter hohen Ojos del Salado zu besteigen, den höchsten Vulkan der Erde. Es ist seine erste Expedition. Doch auf 5000 Metern muss er umkehren, Kopfschmerzen plagen ihn, seine Lunge ist noch immer geschwächt vom Unfall. Allein steigt er ab. Mit den Freunden hält er Funkkontakt, der aber plötzlich abbricht. Hans Rauner, der Bergführer und Hüttenwart der Planurahütte, eilt ihm nach. Er findet Fritz im Zelt, sein Atem geht rasselnd, das Symptom eines schweren Lungenödems. Kurz darauf stirbt Fritz Zimmermann, 24 Jahre alt.

Rund um den Tödi

«Den Kreis schliessen»
Ruth Gallati

Der Weg ist das Ziel. Die Pioniere strebten nach dem Gipfel und nach Erkenntnis. Heute suchen Wanderer und Alpinisten eher die Selbsterfahrung am Berg. Schaffe ich es, schaffe ich es nicht? Die Frage stellt sich bei jedem Schritt neu. Blick vom Vrenelisgärtli zum Tödi, im Nebelkreis der Kammerstock.

Sommerferienbeginn 1989. Beginn auch der so genannten Begegnungswoche für Lehrerinnen und Lehrer aller Stufen und Schultypen. Der Sinn des Ganzen: Begegnung untereinander, Begegnung mit dem höchsten Glarner Berg, dem Tödi, den wir in einigen Tagen vollständig umrunden möchten. Erfahrungen machen in Grenzbereichen der eigenen Befindlichkeit: Bin ich den körperlichen Anforderungen gewachsen? Schaffe ich es, mich in die Gruppe einzufügen, Rücksicht auf andere zu nehmen?
Trotz aller Zweifel reizt mich unser Vorhaben. Ein bisschen Ehrgeiz habe ich schon, und neugierig bin ich auch, denn in den Alpen sind die meisten Gipfel auf fast allen Routen bestiegen, die Ski- und Snowboardabfahrten gemacht. Die Kletterrouten werden immer dichter, und von vielen Bergen ist man bereits auch mit dem Gleitschirm ins Tal geflogen. Der Tödi macht hier keine Ausnahme, auch wenn er nicht zu den Ersten gehört, die alle diese Sportarten über sich ergehen lassen mussten. Und doch sind wir vielleicht die Ersten, welche die Umrundung in Angriff nehmen und auch zu Ende führen werden. Wir sind in guten Händen, denn der Leiter dieser Rundtour, Werner Luchsinger, ist einer der besten Kenner der Glarner Alpen und des Tödigebietes. Er hat die neueren Ausgaben des SAC-Clubführers «Glarner Alpen» verfasst.
Montagmorgen, Anfang Juli. Es nieselt. Eine Schar Lehrer trifft sich im Tierfehd, zuhinterst im noch flachen südlichsten Glarnerland, sozusagen am Ende der Welt. Bei stetem Regen machen wir uns auf den Weg bergan. Auf Hintersand bei den Alphütten ist kurzer Marschhalt.
Einer zweigt ab. Er kennt den Älpler, bleibt sitzen bei einem starken Kaffee, wahrscheinlich mit Zusatz – wird uns erst viel später folgen über Rietlen, Tentiwang und die Oelplangge zur Fridolinshütte.
Ich bin froh, dass sich der zweite Tag freundlicher zeigt. Gutes Wetter ist für mich Anfängerin Motivation, meine Trägheit zu überwinden, mich zu fordern. So wird der Weg zum Ochsenstock und durch die untere Röti zur Planurahütte bereits zum ersten Erlebnis der Gemeinsamkeit. Ich bin zum ersten Mal in dieser originellen Hütte und begeistert vom Standort. Der abendliche «Spaziergang» auf den Piz Cazarauls rundet diesen Tag auf über 3000 Metern in schöner Weise ab.
Der Übergang zur Camona da Punteglias am dritten Tag wird uns einiges an Ausdauer und Orientierungsvermögen abverlangen. Das «Gstältlianziehen» und angeseilt gehen ist eine neue Erfahrung für mich, die mir aber, da ich mich von der Gruppe getragen fühle, Spass macht. Nach der Überquerung des Sandpasses steigen wir in die Val Russein ab. Bald schon bemerken wir einen treuen Begleiter, ein Schaf, das uns mit seiner Herde verwechselt und uns auf Schritt und Tritt folgt. Es braucht einiges an «Überredungskunst»

Grenzüberschreitung. Im Süden zeigt der Tödi sein zweites Gesicht: Schutthalden, zerschrundete Gletscher. Die Camona da Punteglias ist eine einfache Unterkunft abseits touristischer Trampelpfade (oben). Blick von der Fuorcla da Punteglias nach Osten gegen Crap Grond und den spitzen Cavistrau Grond (rechte Seite oben); Schutthalden unterhalb des Gliemsgletschers, dem Normalaufstieg zum Tödi von Süden (rechte Seite unten).

Nächste Doppelseite: Kein Weg und kein Steg in der Urlandschaft des Puntegliasgletschers, der fast vollständig von Schuttströmen bedeckt ist. Blick gegen Piz Urlaun (links im Bild) und Bifertenstock (rechts). Der Bündner Tödi wirkt von Süden gesehen nur als unbedeutende Erhebung im Grat.

und sogar einen Geleitschutz zurück, bis es sich gnädigerweise wieder seinen eigenen Genossen anschliesst. Bei Russein Sura biegen wir links ab und erreichen durch ein Couloir und einige Felsstufen den flachen Kiesboden der Val Gliems. Nach den vorangegangenen Anstrengungen ist es eine Wohltat, auf dieser unberührten Hochebene Rast zu machen. Später geht es über Geröllkessel weiter zur Fuorcla da Punteglias. Der Aufstieg zum Puntegliaspass, in sengender Hitze, ist für mich sehr mühsam. Der Führer bemerkt meine Probleme und ordnet diskret eine Pause an, in der «wir» uns erholen können. Das letzte Stück zur Puntegliashütte ist dann auch für mich noch zu schaffen.

Am Donnerstag, unserem vierten Tag, teilen wir uns in zwei Gruppen auf. Unsere Draufgänger und geübteren Alpinisten erreichen über Barcun Frisal Sut die Val Frisal. Wir anderen wählen den zwar leichteren, aber längeren Weg über die Alpen Punteglias, Schlans, Prada Plauna und Nova. Im Frisal treffen wir uns wieder zur späten Mittagspause, um dann gemeinsam den Anstieg zur Bifertenhütte in Angriff zu nehmen. Wir gewinnen bald, über Felsabsätze steigend, an Höhe, durchqueren ein Tälchen, überwinden eine Felsspalte und gelangen endlich zur Bifertenhütte. Dort haben wir Zeit, uns umzuziehen, unsere verschwitzten Leibchen und Socken auf den Felsblöcken zum Trocknen auszulegen und die Strahlen der Abendsonne zu geniessen. Mir geht es gut. Ich bin zwar sehr müde, aber zufrieden über die Leistung, die ich mir anfänglich kaum zugetraut und nun doch vollbracht habe. Ein Kollege ist in einer weniger beneidenswerten Lage: er hat an seinen Füssen Blasen von unglaublichem Ausmass zu verarzten. Wahrscheinlich wird die letzte Etappe für ihn wenig angenehm verlaufen.

Fünfter Tag. Der Kreis beginnt sich zu schliessen, leider in zweifacher Hinsicht: Wieder regnet es. Der letzte Teil unserer Tour führt uns über den Kistenpass zur Muttseehütte, dann hinunter zum Limmerensee und übers Kalktrittli und Baumgarten zum Ausgangspunkt im Tierfehd. Bei schönem Wetter hätte die Routenplanung anders ausgesehen: Wir wären über das Limmerenband zum Limmerenfirn abgestiegen und hätten den hinteren Selbsanft besucht. Dann wären wir dem Limmerensee entlang, auf ausgesetztem Weg und in eindrücklicher Szenerie, zum Tunnel des Limmerenwerks und so zum Kalktrittli gekommen.

Tierfehd: Ausgangs- und Endpunkt. Letztes Zusammensitzen, letztes gemeinsames Glas. Wir lassen die Woche Revue passieren, erinnern uns an Lichtblicke und Tiefpunkte, denken an die vielen Gespräche, Diskussionen, gegenteiligen Meinungen, Denkanstösse. Wir haben unser Ziel erreicht, gemeinsam eine Leistung erbracht und uns und unsern Berg ein Stück weit neu kennen gelernt.

Ruth Gallati ist Heilpädagogin in Mollis (GL). Mit Hansruedi Gallati führt sie die Kunstgalerie «Gallarte» in Mollis.

Ausklang: Notizen und Zitate zum Russein, 30. August 1999

Auf dem Gipfel. Nach 175 Jahren.
Leo Tuor

«Der Himmel war ohne Wolken, und die Berge ohne Dünste.» Letzte Hänge zum Gipfel. Im nahen Grat der Piz Urlaun, den Pater Placidus a Spescha 1793 allein bestieg. Rechts im Bild die Porta da Gliems, durch die der Normalaufstieg von Süden führt (oben).
«Manchmal hängen die Göttinnen und Götter eine weisse Fahne heraus.» Skidepot in der Gliemspforte. Im Osten der Bifertenstock (unten).

Nächste Doppelseite: «Der Göttertisch beflügelt die Fantasie der Dichter, berauscht.» Flugaufnahme des Tödi von Osten. Vorn der messerscharfe Grat zwischen Bündner Tödi (rechts im Bild) und Piz Urlaun (links). Links hinten das spitze Schärhorn, rechts die Claridengruppe. «Dieser romanische Name assoziiert Klarheit und Reinheit.»

Von dort, wo der Berg Tödi heisst, soll er sein gewaltig, imposant, oben flach, wie ein Tisch, ein Göttertisch. Er beflügelt die Fantasie der Dichter, berauscht. So entstehen Worte wie: *Berg von göttlicher Majestät oder dort oben sitzen Göttinnen und Götter beisammen. Manchmal hängen sie eine weisse Fahne heraus.* Was ausserhalb des Kopfes passiert, steht eher in Tagebüchern skizzenhaft notiert als in grossen Werken. Die Dichter sind Lügner, das wissen wir seit Platon.

Von Süden gesehen, von dort, wo der Berg Russein heisst, soll er nicht gewaltig sein, nicht imposant, nicht oben flach wie ein Tisch. Von dieser Seite ist er am eindrücklichsten von der Greina aus gesehen. *In der Fortsetzung der Val Canal, ein Stückweit unter jenem Höcker, siehst du die Hütte des Rosshirten.* Von dieser Hütte, es sind nur noch die Fundamente, den Blick nach Nordwesten, hast du den Terri im Rücken, vor dir den Tödi, der auftaucht hinter der Siara, dem Übergang von der Ebene zur Val Sumvitg. Die beiden Berge liegen 25 Kilometer auseinander. Sie flankieren die engere Heimat des Placidus a Spescha, wenn man Heimat definiert als den Ort, an dem man während des Lebens am meisten missachtet wird.

Am 31. August 1824 übernachteten zwei Jäger und ein 72-jähriger Pater *bei der unteren Hütte der Alp Russein von Trons, wo das Vieh lagerte.* Ihr Ziel: Die Ersteigung des Russein. (Die Romanen nennen den Berg Russein. Der Glarner Tödi heisst in Speschas Karte der Surselva von 1819 Mot aulta, ne tödi. Tödi konnte der Rätoromane nur als Tédi aussprechen.) Das Nachtlager hätte nach Speschas Plan viel weiter oben, unter dem Crap Glaruna, wie er schreibt, eingenommen werden sollen, aber die Begleiter kamen zu spät. Am anderen Morgen beschloss der Greis, die beiden Jäger allein in den Berg zu schicken, nachdem er ihnen die Aufstiegsroute beschrieben hatte. Er selber stieg *eine beträchtliche Höhe seitwärts rechts hinauf, um die Auf- und Absteigung der Jäger mitanzusehen.* Um elf Uhr gelangten sie als die ersten Menschen auf den Gipfel: Placi Curschellas von Trun und Augustin Biscuolm von Disentis.

Zufällig fast auf den Tag genau 175 Jahre später folgten Vic Cajacob von Sumvitg und ich den Spuren der Erstbesteiger. Lange bevor man das Gras *erkennen konnte, begaben wir uns auf den Weg. Der Himmel war ohne Wolken, und die Berge ohne Dünste; die Atmosphäre aber kalt.*
Wie sie stiegen wir *nächst dem Fussglätscher westlich über die Mitte der Felsen des Bergs hinauf, lenkten zur Linken, um dessen westlichen beschneiten Rücken zu erreichen, und so gelangten wir auf den Berggiebel* um 9.50 Uhr. Weder Göttinnen noch Götter erwarten uns, Platon ist bestätigt. Vier Touristen mit einem Bergführer beeilen sich, etwas ins Gipfelbuch einzutragen, und beginnen den Abstieg am

Auf dem Gipfel des Piz Russein. «Wir sassen mit dem Rücken gegen Osten, sahen das ungeheure Meer der Berggipfel. Alles überragt von der hintersten Kette mit dem Finsteraarhorn» (oben).

Die letzten Schritte am Grat. «Durch meinen Kopf geht ein irgendwo aufgelesener Gedanke, dass die Gipfel seit Jahrhunderten die Abflugrampen hehrer Gedanken sind» (unten).

Westgrat. Kein Gruss, nichts. Typisch. Zeitalter des Massentourismus, in dem die Natur entdeckt ist und sich jeder Trottel in der Bergeinsamkeit erhaben fühlen darf (Dürrenmatt).

Lapidare Notiz in meinem Heft: Russein sura 4.20, Porta Spescha 8.00, Péz Russein 9.50. Spuentau quater turis cun guid giu da sia majestat divina. (Vier Touris samt Führer von seiner göttlichen Majestät vertrieben.) *Nordostwind treibt uns die Schneefunken ins Gesicht.* Nur wenige Schritte unter dem Grat Windstille.

Wir sassen mit dem Rücken gegen Osten, *sahen das ungeheure Meer der Berggipfel,* vor uns die Vertrauten, hinter dem Reusstal Galenstock, Dammastock. Alles überragt von der hintersten Kette mit dem Finsteraarhorn, dem am höchsten emporragenden Berg des Tödipanoramas. Genau über dem Tgietschen, hinten, in 190 Kilometern Entfernung, der Montblanc. Matterhorn und Jungfrau seien nicht zu sehen, erklärte mir bei einer früheren Besteigung ein Piz-Buin-gebräunter Deutscher. *Einer sass auf seiner Kappe und der andere auf seinem Grabinstrument; so verzehrten sie ihren mitgenommenen geräucherten Speck. Zum Zeichen unseres Daseins liessen wir die Schwarte zurück und eine Bananenschale. Wir spürten die ungeheure Tiefe, erblickten etwelche Ortschaften. Länderkunde ging ihnen ab.*

Von hier ist Vic Cajacob einmal mit dem Gleitschirm in das Nichts gesprungen, gegen Westen. Eine Mischung zwischen Bewunderung und Angst geht mir quer durch den Bauch, und durch meinen Kopf geht ein irgendwo aufgelesener Gedanke, dass die Gipfel seit Jahrhunderten die Abflugrampen hehrer Gedanken sind, während die Städte mit der Industrialisierung zum Vorbild der Hölle wurden. So soll das Gute oben sein, das Problematische unten.

Auf den Bergen ist Freiheit, sagt Schiller. Sie stehen für Macht, Aura, Unberührtheit & Reinheit, Réduit & Geborgenheit, Erhabenheit. Erhaben nennen wir das, was schlechthin gross ist. (Kant). Zum Beispiel die gewaltigen Gletscher gegen Norden mit den romanischen Namen Planura, Clarida. Dieser letzte Name assoziiert wiederum Klarheit und Reinheit, auch wenn die Flugzeuge – unzählige sind während unserer zweistündigen Rast über unsere Schädel geflogen – hie und da Tausende von Litern Treibstoff über die Gletscher leeren, so dass diese rot beschmutzt werden. Gletscher, sterbende Ungeheuer, die grossen Worte werden euch überleben.

Wir verlassen den Göttertisch, passieren das überfirnte Scheitelplateau, laufen rutschend den Gletscher hinab. Das Seil surrt im Schnee. Der Himmel ist tiefblau. Die Sonne brennt. Der Gletscher leidet. Ein letzter Blick in die pechschwarze Wand des Biferten und den Gletscher hinunter, der in der Tiefe verschwindet. Leichter Aufstieg zur Porta Gliems. Dann den Felsschlund runter, dem nächsten Gletscher zu, sich festhaltend an eisernen Seilen, hin- und herrutschend auf nassem Gestein, Eis. Das letzte Stück unwegsames Gelände. Nun geht es wie auf Ski den Gletscher von Gliems hinab. Unsere Körper sind leicht. Wir überqueren Halden und Abhänge. Gämsen fliehen gegen den Stoc pign. Pfade zeigen an, wo die Schafe in Schnüren gingen damals, als die Alp noch geladen war. Jetzt geht es Hals über Kopf von Gliems auswärts und hinunter ins warme Grün gegen unseren Jeep.

Noch einmal den Blick hinauf. Wir sind zufrieden, stolz. Die Füsse brennen in den Schuhen.

Leo Tuor, in Sumvitg (GR) aufgewachsen, wohnt in Val bei Sumvitg. Alphirt und romanischsprachiger Schriftsteller.

Wegspuren am Tödi

1766	Der Schaffhauser Mathematiker und Stadtbaumeister Christoph Jezeler plant eine Tödibesteigung, wird jedoch von schlechtem Wetter gehindert.
1788	Pater Placidus a Spescha besteigt den Stoc Grond von der Porta da Gliems aus.
1793, 25. August	Placidus a Spescha besteigt den Piz Urlaun von Süden. Idee für den Bau einer Hütte in der Val Punteglias.
1807, 9. August	Hans Conrad Escher stürzt auf dem Sandfirn in eine Spalte, kann sich aber retten.
1811	Bergsturz am Tödi: Nach Spescha «riss ein grosses Stück von ihm ab».
1819	Johannes Hegetschweiler versucht mit dem Führer Hans Thut und einem Träger von der Sandalp aus den Tödi zu ersteigen.
1820, 26. August	Zweiter Versuch Hegetschweilers mit Hans Thut, einem Träger und zwei «Ausländern» über den Sandpass und die Westflanke.
1820, 27. August	**Dritter Versuch Hegetschweilers über Röti, Ochsenstock, Bifertenfirn und durch die Schneerunse. Er erreicht die heutige Hegetschweilerplatte am Bifertenfirn.**
1821, 21. August	Versuch von Vollrath Hofmann und Friederich von Warnstedt vom Sandfirn aus. (Nach Melchior Ulrich.)
1822, 12. August	Vierter Versuch Hegetschweilers mit zwei Führern, einem Träger, Ratsherr Dietrich Schindler, Mollis, Herr von St-Hilaire, Paris, und Maler Wüst aus Zürich.
1823, 19. August	Besteigungsversuch aus dem Russeintal durch Placidus a Spescha mit dem Landschaftsmaler Johann Baptist Isenring und Begleitern.
1824, 1. September	**Augustin Bisquolm und Placi Curschellas besteigen den Piz Russein nach Angaben von Spescha und von ihm beobachtet. Sie stiegen aus dem Russeintal vermutlich über den Bleisasverdasfirn und die Südwestflanke auf.**
1834, 16. Juli	Drei Hirten aus Linthal, Jakob Ris, Albrecht Stüssi und Jakob Wichser, behaupten, auf dem Tödi gewesen zu sein. Hegetschweiler prüft sie und zweifelt an ihrer Aussage.
1834	Hegetschweiler macht mit den drei Hirten sowie Professor Arnold Escher von der Linth und Staatsrat Dr. Steiger von Luzern einen letzten Versuch von Westen, der aber wieder scheitert.
1837, 1. August	Versuch von Bernhard und Gabriel Vögeli (Vater und Sohn) sowie Thomas Thut scheitert am Fuss der Schneerunse.
1837, 5. August	Weiterer Versuch der drei scheitert.
1837, 11. August	**Bernhard und Gabriel Vögeli (Vater und Sohn) sowie Thomas Thut erreichen den Gipfel des Glarner Tödi.**
1837, 19. August	**Mit Friedrich von Dürler als Gast besteigen die drei nochmals den Glarner Tödi.**
1853, 13. August	Dritte Besteigung von Norden durch Statthalter Gottlieb Studer von Bern, Professor Melchior Ulrich und Buchhändler Siegfried von Zürich mit den Führern Gabriel Vögeli, Johann Maduz und Thomas Thut. Gemäss Ulrich soll es die erste Besteigung des «eigentlichen Gipfels» gewesen sein.
1859, 30. Juli	Besteigung durch Jakob Pestalozzi-Jenny u. a. (Nach Dübi, «Die ersten 50 Jahre des SAC»).
1859, 8. August	**Besteigung des Glarner Tödi und Übergang zum Piz Russein durch Heinrich Speich-Jenny, Th. von Hallwyl und H. v. Sprecher mit den Führern Thomas Thut (Vater und Sohn) und Gabriel Vögeli. Vermutlich erste Besteigung des Piz Russein von Norden.**
1861 31. Juli	**Piz Russein vom Glarner Tödi durch Rudolf Theodor Simler und Georg Sand mit Führern Gabriel Zweifel und Heinrich Elmer bestiegen. Vermeintliche Erstbesteigung des Russein.**
1862	Dr. Abraham Roth, Feuilletonist und Schriftsteller aus Bern (7. Besteigung nach Dübi).
1863, 19. April	**Gründung des Schweizer Alpen-Clubs. Tödi-, Selbsanft-, Bifertenstock-, Clariden-, Scheerhorngruppe wird erstes Exkursionsgebiet des SAC.**
1863, 11. August	Eröffnung der Grünhornhütte.
1863, 12. August	Porta da Spescha getauft und traversiert durch Rudolf Theodor Simler, Rudolf Lindt, Kaspar Hauser u. a. Erste Tödiüberschreitung von West nach Ost.
1866, 19. Juli	Erster Aufstieg über den Abbruch des Bifertenfirns durch Douglas William Freshfield und C. C. Tucker mit Führer François Devouassoud.
1866, 7. August	Hugo Wislicenus stürzt in der Nähe der Grünhornhütte zu Tode.
1867, 12. August	Heinrich Speich-Jenny und Heinrich Elmer besteigen den Bündner Tödi.
1868, 15. Juli	Kaspar Hauser, Heinrich und Rudolf Elmer besteigen den Chli Tödi oder Crap Glaruna.
1869, 13. Juli	**Erste Frauenbesteigung durch Fanny Maitland mit James R. G. Maitland und Führern.**

1869, 23. August	Traversierung der SW-Flanke des Tödi vom Sandpass zur Russeinpforte anlässlich einer Clubtour der Sektion Tödi mit Kaspar Hauser, Heinrich Speich u. a.
1871, 16. Juli	**Kaspar Hauser, erster Präsident der Sektion Tödi, erreicht mit Führern Albrecht Zweifel und Peter Hefti vom Simlergrat den Sandgipfel. Versuch, durch die Sandpforte abzusteigen, misslingt.**
1881, 31. Dezember	**Erste Winterbesteigung des Piz Russein durch Professor Walter Gröbli und Führer Salomon Zweifel.**
1882, 13. Februar	C. Eugster und W. Keller gelingt mit Führern Salomon Zweifel und Gabriel Streiff die Nord-Süd-Überschreitung Linthal–Russein–Porta da Spescha–Disentis.
1884, 9. August	**Salomon Zweifel erreicht mit Walter Gröbli über die Nordwestwand durch die Sandpforte den Sandgipfel. Zweite Besteigung des Sandgipfels.**
1890	Eröffnung der ersten Fridolinshütte.
1893	William Augustus Brevoort Coolidge, der englische «Gletscherpfarrer», besteigt mit Führern Chr. Almer und M. Schuler die Südwestwand auf direkter Route.
1900, 1. Juli	**Erstbesteigung des Glarner Tödi über die Ostwand durch J. Fahrner und drei weitere Mitglieder der «Alpina Turicensis».**
1904, 31. Juli	**Demetrio Maggi vom Akademischen Alpen-Club Zürich AACZ und sein Seilgefährte Rinderknecht traversieren vom Bifterengrätli die Nordostwand zum Sandgipfel.**
1906, 7. August	Meinrad Inglin, der Vater des Dichters, stürzt in der Schneerunse zu Tode.
1908, 4. Juli	Einweihung der Reinharthütte (später Puntegliashütte) in der Val Puntaglias durch die Sektion Winterthur des SAC.
1911, Februar	**Erste Skibesteigung durch Jost Zweifel mit einem holländischen Gast.**
1911, 13. März	Skibesteigung durch Hans Morgenthaler und Gefährten vom Akademischen Alpen-Club Zürich. Der spätere Dichter erleidet Erfrierungen an seinen Händen.
1911, 11. August	**Guido Miescher und Karl Steiner bezwingen den Nordgrat zum Sandgipfel in 13 Stunden.**
1913, 23. Februar	**West-Ost-Überschreitung des Tödi im Winter durch Hans Morgenthaler, Eugen Hauser, Ernst Schaub und Bernhard Lauterburg vom AACZ.**
1915, 6. Juni	Versuch in der Nordostwand durch Hans Morgenthaler und Walter Burger.
1920, 13. Juni	**Erstdurchsteigung hinteres Röticouloir durch Oscar A. Hug, Hans Lauper, H. Rüfenacht, Th. Weydmann und J. Wälti.**
1920, 7. September	Absturz der finnischen Flieger Major Mikkola und Lt. Durchman auf den Gliemsgletscher.
1923, 15. Juli	Einweihung der zweiten Fridolinshütte der Sektion Tödi.
1931, 2. August	Einweihung der von Generalkonsul Robert Schwarzenbach finanzierten Planurahütte der Sektion Tödi.
1942, 26. Juli	**Direkte Nordwestwand auf den Piz Russein durch Ernst Anderegg und Paul Schafflützel.**
1943, 24. August	Drei Näfelser Bürger verunglücken tödlich am Sandgletscher: Joseph und Gerhard Hophan und Josef Hauser.
1958, 17. August	Rudolf Zopfi, Werner Sattler und Emil Hasler stürzen in der Westwand tödlich ab.
1959, 5. Oktober	**Nordostwand vom vorderen Rötifirn durch Karl Brühwiler und Jakob Schiltknecht.**
1965, 4. Januar	Felsstürze auf der Nordostseite zerstören die Routen von Maggi/Rinderknecht und Brühwiler/Schiltknecht.
1969, 11./12. Jan.	**Erste Winterdurchsteigung Röticouloir durch Heinz Leuzinger, Hans Fischli, Albert Schmidt und David Schiesser.**
1970, 21./22. Dez.	**Winterdurchsteigung der direkten NW-Wand durch Paul Betschart und Sepp Zurfluh.** Spaltensturz im Abstieg.
1975, 19. Mai	Erste Skiabfahrt durch die Ostwand vom Glarner Tödi durch Fridolin und Pankraz Hauser, Hans Marti und Albert Schmidt.
1983, 12. Juni	Erste Skiabfahrt durch die Westwand durch Hansruedi Schiesser, Urs und Michael Müller.
1985, 21./22. Dez.	**Nordgrat im Winter durch Heiri Furter und Thomas Pfenninger.**
1993, 2. Januar	**Sandgipfel-Nordwestwand. Erste Winterbegehung durch Hans Rauner und Fritz Zimmermann.**
1993, 21. August	**Nordgrat. Erste Solobegehung durch Fritz Zimmermann.**
1994, 1. Mai	Erste Snowboardabfahrt durch Jonny und Thomas Gubler und Chrigel Müller nach Aufstieg in einem Tag.
1994, 3. Dezember	**Sandgipfel-Nordwestwand. Erste Solo-Winterbegehung durch Fritz Zimmermann.**
1995, 5. August	**Sandgipfel-Ostpfeiler, «Maggi-Gedächtnisweg». Erstbegehung im Alleingang durch Fritz Zimmermann.**
1996, 24. Januar	Felssturz vom Zuetribistock auf die Sandalp.
1998, 31. März	Neue Felsstürze.
1999, 10. September	Neues Gipfelkreuz auf dem Piz Russein.

Trips und Tipps

Besteigung des Tödi

Von Norden:
Auf Hegetschweilers Spuren
Der Tödi ist kein Viertausender, doch ebenso anspruchsvoll wie die ganz grossen Gipfel der Alpen. Im Winter kann der Aufstieg von Norden mit Ski problemlos sein, wenn die Spalten und Randklüfte des Bifertenfirns gut bedeckt sind. Trotzdem gehören Seil, Steigeisen und Pickel zur Ausrüstung, und das Beherrschen der grundlegenden alpinen Techniken ist unerlässlich. Denn der Berg ist unberechenbar. Sind die Verhältnisse schlecht, so verlangt die Wahl der besten Route grosse Erfahrung. Soll man sich durchs Labyrinth des zerschrundeten Gletscherbruchs kämpfen oder die eis- und steinschlaggefährdete Schneerunse wählen, den klassischen Aufstieg Hegetschweilers? Wer schon einmal mit Ski bei guten Verhältnissen auf vorgespurter Route in Bestzeit auf den Gipfel gestiegen ist, läuft Gefahr, den Berg zu unterschätzen.

Von Süden:
Über die Wetterscheide
Dasselbe gilt für den Aufstieg im Sommer oder Winter von Süden durch die Porta da Gliems. Unberechenbar ist auch das Wetter an der Wetterscheide. Der «älteste Glarner», der Föhn, mag einen strahlenden Morgen verheissen, doch in kürzester Zeit kann die Föhnmauer über Bifertenstock und Piz Urlaun einbrechen und alles in Nebel hüllen. Natürlich ist heute die Ausrüstung besser als zur Zeit der Pioniere, aber eine Nacht in einer Gletscherspalte oder einem Notbiwak ist noch genau so kalt wie zur Zeit Hans Morgenthalers. Wer sich nicht sicher fühlt, vertraut sich wohl besser einem Führer oder einer Bergsteigerschule an.

Von Westen:
Für Tritt- und Steigeisensichere
Trotz allem ist der Tödi ein lohnendes Ziel, sonst wäre wohl der Panoramamaler Albert Bosshard nicht fünfzig Mal auf den Gipfel gestiegen und andere Bergsteiger über hundert Mal. Betritt man nach hartem Aufstieg den Gipfelgrat, so ist man auch heute noch genau so überwältigt wie Rudolf Theodor Simler im Jahr 1861, auch wenn der Alpen-Club längst erfunden ist. «Tödi-West», die Südwestwand, ist ein ebenso verlockender Anstieg wie die klassische Route, aber wegen brüchigem, je nach Verhältnissen mit Eis durchsetztem Gelände nur absolut tritt- und steigeisensicheren Alpinisten zu empfehlen. Es ist Gelände, in dem das Seil fast nur der psychischen Sicherung dient, obwohl der Alpen-Club vor wenigen Jahren von erfahrenen Bergführern Sicherungsstangen setzen liess. Noch mehr als der Sicherung helfen sie, die beste Aufstiegsroute zu finden.

Überschreitung:
Alpinhistorischer Lehrpfad
Landschaftlich und historisch am eindrücklichsten ist sicher die Überschreitung des Bergs auf den klassischen Routen von Nord nach Süd. Am meisten Gewinn dabei hat, wer die Geschichte kennt und ihren Spuren folgt: vom Hotel Tödi im Tierfehd über Pantenbrücke, Sandalp, Fridolinshütte, Grünhornhütte, Schneerunse oder Biferteneisbruch, Hegetschweilerplatte, Piz Russein, Porta da Gliems, Puntegliashütte bis zur Wallfahrtskirche Maria Licht ob Trun: ein Lehrpfad in alpiner Geschichte und Geografie. Dem bergsteigerischen Erlebnis tut es gut, dass der Berg nie untertunnelt worden ist, wie in den Sechzigerjahren für die Tödi–Greina-Bahn oder einen Tödi-Strassentunnel geplant, und dass auch keine Bergbahn den Zustieg abkürzt, wie bei vielen grossen Gipfeln der Alpen. Damit hat der Tödi noch etwas vom Geheimnis und von der Wildheit behalten, welche die Pioniere so schreckte und lockte.

Fussarbeit:
Für Hüttenbummler und junge Wilde
Acht bis zehn Stunden Fussarbeit für den Aufstieg aus dem Tal fordert der Gipfel dem durchschnittlich trainierten Alpinisten ab – Leistungsbergsteiger machen das heute oft in einem Tag und nutzen die Hütten nur noch für die Kaffeepause. Die jungen Wilden klettern den Nordgrat in Kletterfinken und T-Shirt, schweben am Gleitschirm vom Gipfel oder wedeln im Schneesturm durch die steile Westwand ins Tal. Doch das stört die «normalen» Alpinisten nicht, die wie eh und je gemütlich zur Hütte wandern, sich mit Wein und Älpermakronen verwöhnen lassen und dann unter warmen Wolldecken die Schnarcherotik und das leise Prickeln der Angst vor dem Aufstieg geniessen. Der Tödi ist gross, er lässt allen ihren Platz und ihr Erlebnis, sofern sie ihn respektieren.

Rundherum:
Stahlseilartistik und Techno-Romantik
Vielleicht wird auch die Rundtour um den Tödi dereinst von einem wilden Bergläufer in einem Tag bewältigt. Vorderhand braucht der besonnene Hochgebirgswanderer für die Tour vom Tierfehd über die Fridolins-, Planura-, Punteglias- und Bifertenhütte sowie zurück über den Kistenpass noch fünf Tage, Hochgebirgsausrüstung, Ausdauer und ein gutes Orientierungsvermögen. Auch diese Tour, vom Autor des SAC-Clubführers Werner Luchsinger «erfunden», ist eine Perle abseits touristischer Herdenwege. Zur Attraktion gehört etwas «Katastrophentourismus» beim Durchqueren des neuen, gewaltigen Bergsturzkegels auf der Sandalp, Stahlseilartistik beim Aufstieg zur unteren Frisallücke von der Punteglias- zur Bifertenhütte – falls man nicht die leichtere Variante über Alpweiden wählt –, hochalpine Techno-Romantik am Limmern-Stausee und zum Abschluss der absolut schönste Blick auf den Tödi von der Baumgartenalp.

Hütten

Fridolinshütten (2111 m). Auf dem Bifertenalpeli am Nordostfuss des Tödi. Eigentum der Sektion Tödi, 60 Plätze, im Sommer bewartet, im Frühling an schönen Wochenenden. Tel. (055) 643 34 34.
Besteigungen: Tödi, Piz Urlaun, Bündner Tödi, Bifertenstock, Schiben, Selbsanft.
Übergänge: Über die Röti nach Ober Sand zur Claridenhütte, zum Sandpass oder zur Planurahütte. Über die Porta da Gliems in die Val Russein oder zur Fuorcla da Punteglias und zur Puntegliashütte. Durch die hintere Schibenruns zum Griessfirn und zur Biferten- oder Muttseehütte.
Zugang: Von Linthal zu Fuss, mit PW oder Taxi ins Tierfehd. Auf dem Sandsträsschen nach Hinter Sand, über die Rietlen ins Tentiwang und die Ölplanggen zur Hütte, 4 Std. ab Tierfehd.
Besonderes: Baden im Hüttensee an heissen Sommertagen nach einer grossen Tour.

Grünhornhütte (2448 m). Die Grünhornhütte auf dem Ostgrat des Grünhorns ist die älteste Clubhütte des SAC. Die bescheidene alpine Unterkunft ist im Besitze der Sektion Tödi, 10 Plätze, unbewartet, ohne Holz und Licht.
Zugang: Von den Fridolinshütten in 1 Std. auf markiertem Pfad.
Besonderes: Der atemberaubende Gletscherblick auf den Bifertenfirn und das Erlebnis der Übernachtung wie zu Zeiten der Pioniere.

Planurahütte (2947 m). Auf dem Planurafelsen zwischen Hüfifirn und Sandfirn. Eigentum der Sektion Tödi. 60 Plätze. Bewartet von Mitte Juli bis Ende August, sonst nach Bedarf. Tel. (041) 885 16 65.
Besteigungen: Clariden, Chammliberg, Schärhorn, Gross Düssi, Piz Cambrialas, Heimstock, Piz Cazarauls, Spitzalpelistock, Tödi.
Übergänge: Über den Claridenpass zur Claridenhütte. Über das Chammlijoch oder die Chammlilücke zum Klausenpass. Über den Sandpass in die Val Russein nach Somvix oder Disentis.

Zugänge: Vom Klausenpass über Iswändli und Chammlijoch, 5 Std. Von der Hüfihütte auf der östlichen Seite des Hüfifirns aufsteigend (Spalten!), 3 Std. Von Somvix oder Disentis durch die Val Russein über Sandpass und Sandfirn (Spalten!), ca. 7½ Std. Vom Tierfehd hinter Linthal über Vorder Sand, Hinter Sand, Ober Sand auf dem rechten Bachufer zum Hinter Stäfeli. Auf markierter Wegspur über das Sandpassweidli zur Hütte. Ab Tierfehd ca. 6½ Std. Von den Fridolinshütten über den Ochsenstock, Unter Röti zum Hinter Stäfeli. Von der Claridenhütte über den Claridenfirn (Spalten!), 3 Std.
Besonderes: Hochalpiner Klettergarten am Planurafelsen. Info: Broschüre «Klettern im Glarnerland» von Felix Ortlieb.

Puntegliashütte, Camona da Punteglias (2311 m). In der Talstufe des Glatscher da Punteglias auf dem Rande der Felsstufe, welche die Alp da Punteglias abschliesst. Eigentum der Sektion Winterthur, 42 Plätze. Im Sommer an den Wochenenden bewartet. Tel. (081) 943 19 36.
Besteigungen: Cavistrau, Crap Grond, Piz Frisal, Bifertenstock, Bündner Tödi, Piz Urlaun, Tödi, Piz Posta Biala, Piz Ner.
Übergänge: Über die Frisallücken (Barcun Frisal Sura oder Barcun Frisal Sut) nach Breil/Brigels oder zum Kistenpass und zur Bifertenhütte oder Muttseehütte. Über die Fuorcla da Punteglias via Val Gliems in die Val Russein und über den Sandpass zur Planurahütte.
Zugang: Von Trun in die Val Punteglias, im Talhintergrund, wo sich die Weideplätze im Geröll verlieren, wendet man sich nordwärts gegen den Cavistrau und gewinnt über Geröll und grasbewachsene Felsen an Höhe, später links haltend und westwärts zur Hütte. Auf markiertem Weg 3½ Std. ab Trun.
Besonderes: Einsame, wilde Landschaft um den Puntegliasgletscher.

Wanderungen

Ziger-Trekking, den Rändern des Glarnerlandes entlang. 180 km Höhenweg in 8 Etappen (siehe Führer).
Glarner Industrieweg, führt auf 50 km als Velo- oder Wanderweg zu 60 Fabrikanlagen, Fabrikantenvillen, Kraftwerken, Kanälen und modernen Produktionsanlagen. Informationstafeln geben Hinweise zur Geschichte, Technik und Architektur. Routenkarten und Information: Verein Glarner Industrieweg, Hauptstrasse 41, 8750 Glarus. Tel. (055) 640 20 22, Fax (055) 640 82 14.
Senda Sursilvana, «Star der Höhenwege», 100 km Höhenweg vom Oberalppass bis Chur in 7 Etappen (siehe Karten).

Museen, Sehenswürdigkeiten

Museum des Landes Glarus in Näfels, im Freulerpalast. Geschichte und Kultur des Kantons, attraktives Glarner Textildruckmuseum im Dachgeschoss. 1. April bis 30. November, Dienstag bis Sonntag 10–12 und 14–17.30 Uhr. Tel. (055) 612 13 78.
Suworow-Museum, Glarus, am Landsgemeindeplatz. Dokumentiert die Alpenüberquerung des russischen Generals Alexander Wassiljewitsch Suworow im Jahr 1799. Dienstag bis Freitag und Sonntag 14–17 Uhr. Tel. (055) 640 62 33.
Thomas-Legler-Haus, Diesbach. Thema: Land und Leute im 18. und 19. Jahrhundert. Jeden letzten Samstag im Monat 14–17 Uhr. Tel. (055) 643 14 51 oder (055) 640 46 52.
Landvogt-Schiesser-Haus in Linthal, Ortsmuseum. Tel. (055) 643 16 93.
Bad Stachelberg bei Linthal, historischer Stützpunkt der Tödipioniere Hegetschweiler, Dürler und Simler, 1812 eröffnet, ging 1915 in Konkurs. Hier weilten General Dufour, Graf Zeppelin, Prinz Louis Bonaparte, der nachmalige Kaiser Napoleon III., und Baron de Rothschild. Das für seine

Heilkraft weit herum bekannte Schwefelwasser, über das SAC-Gründer Rudolf Theodor Simler eine wissenschaftliche Arbeit verfasste, tröpfelt heute noch aus einem Brunnen in der Nähe der Talstation der Braunwaldbahn.
Hotel Tödi im Tierfehd, ist heute nicht mehr ganz so «sagenhaft abgelegen», wie ein Werbespot verkündet. Hier feierte Walter Gröbli die erste Winterbesteigung des Tödi zu Silvester 1881, und der Dichter Karl Kraus schrieb hier 1917 sein Drama «Die letzten Tage der Menschheit» zu Ende. Die Erinnerung an den berühmten Gast wird liebevoll gepflegt. Kulturbeiz, Hotel und idealer Ausgangspunkt für Tödibesteigungen und Wanderungen. Offen von Ostern bis Oktober.
Tel. (055) 643 16 27, Fax (055) 643 17 24, E-Mail: hotel@toedi.ch.
Kraftwerk Linth-Limmern, Tierfehd, Linthal. Betriebsbesichtigungen ab 15 Personen, Montag bis Samstag, Mitte Juni bis Oktober. Tel. (055) 643 31 67.
Dorfmuseum «La Truaisch», Sedrun, mit einer der wertvollsten Mineraliensammlungen der Schweiz und einer historischen Wohnung mit Web- und Spinnstube. Juli bis Oktober, Dienstag, Freitag und 1. Sonntag im Monat, 15–18 Uhr. Tel. (081) 949 12 27.
Info-Zentrum AlpTransit, Sedrun, mit Modell des Gotthard-Basistunnels, Videoschau und Gesteinsproben. Täglich ausser Dienstag 10–12 Uhr. November geschlossen. Tel. (081) 936 51 20. Dazu: AlpTransit Infopfad.
Klostermuseum Disentis mit kulturhistorischer und naturgeschichtlicher Abteilung. Die Pioniere des Alpinismus und der naturwissenschaftlichen Forschung Pater Placidus a Spescha und Pater Karl Hager werden vorgestellt. Juni bis Oktober, Dienstag, Donnerstag, Samstag 14–17 Uhr. Tel. (081) 929 69 00.
Kloster und Klosterkirche Disentis, Benediktinerabtei, gegründet um 700 durch den fränkischen Mönch Sigisbert. Barocke Anlage, von Caspar Moosbrugger im 17. Jahrhundert entworfen, ergänzt durch die Marienkirche aus dem 19. Jahrhundert und den Internatsbau.

Museum Sursilvan «Cuort Ligia Grischa», Trun, in ehemaligem Kloster, Ratsaal des Grauen Bundes, folkloristische Sammlungen, alte und zeitgenössische Bilder, u. a. von Alois Carigiet. Im Museum befinden sich auch die Wohnstube und die Schlafkammer von Placidus a Spescha sowie ein farbiges Porträt des Tödipioniers. 15. April bis 15. November, Montag, Mittwoch, Samstag sowie 2. und letzter Sonntag im Monat, 14–17 Uhr. Tel. (081) 943 32 61 oder (081) 943 25 83.
Wallfahrtskirche Maria Licht, Nossadunna della Glisch, ob Trun, stammt aus dem 17. Jahrhundert, mit Pilger- und Kreuzweg von Trun auf den Marienhügel. Prozession und Festgottesdienst jeweils am ersten Sonntag nach dem 8. September. Pension Hospezi Maria Licht bei der Wallfahrtskapelle. Tel. (081) 943 11 73.
Museum Regiunal Surselva «Casa Carinec», Ilanz, ethnografisches Museum, Handwerk – Bauernwerk. Juni bis Oktober, Dienstag, Donnerstag, Samstag und 1. Sonntag im Monat, 14–17 Uhr. Tel. (081) 925 43 23.

Karten

Landeskarte der Schweiz, 1:25 000, Blätter 1193 Tödi und 1213 Trun.
1:50 000, Blatt 246 Klausenpass
Wanderkarte Glarnerland–Walensee, 1:60 000, Kümmerly + Frey
Skitourenkarte Glarnerland, 1:50 000, Verlag Ski-Club Glarus
Wanderkarte Glarnerland, 1:50 000, Glarnerland Tourismus
Bike-Karte Glarnerland, Glarnerland Tourismus
Karte Glarner Industrieweg, 1:50 000, mit Informationen über alte Industriebauten im Glarnerland
Bündner Wanderkarte, 1:60 000, Kümmerly + Frey

Führer

Alpinismus

Luchsinger, Werner: Glarner Alpen, Clubführer, Verlag des SAC, 9. Auflage 1992 (1. Auflage 1903, verfasst von Eduard Naef-Blumer).
Ortlieb, Felix: Klettern im Glarnerland, Broschüre im Eigenverlag, Felix Ortlieb, 8762 Schwanden.

Wandern

Blumer, Ernst u. a.: Glarnerland, Wanderbuch von der Linthebene bis zum Tödi. Kümmerly + Frey, Bern 1992.
Deplazes, Gérard: Senda Sursilvana, Star der Höhenwege. Terra Grischuna Verlag, Chur 1997.
Donatsch, Peter; Meinherz, Paul: Alpinwandern in Graubünden, Verlag des SAC, 1998.
Meienberg, François: Glarner Überschreitungen. 18 Wanderungen zu Geschichte und Gegenwart eines engen Tals. Rotpunktverlag, Zürich 1999.
Ortlieb, Felix: Ziger Trekking. Den Rändern des Glarnerlandes entlang. Broschüre im Eigenverlag, Felix Ortlieb, 8762 Schwanden.
Wanderführer Surselva, Kümmerly + Frey, Bern 1997.

Ski

Eggenberger, Vital: Alpine Skitouren 2, Graubünden. Verlag des SAC, 1999.
Luchsinger, Werner: Alpine Skitouren 5, Glarus–St.Gallen–Appenzell. Verlag des SAC, 1997.

Gleitschirmfliegen

Lötscher, Urs; Busslinger, Andreas: Die schönsten Fluggebiete im Gleitschirmparadies Schweiz, Bd. 1: Zentralschweiz. Volair AG, Schwarzenburg 1996.

Internet

Glarner Berge, Datensammlung von Peter Straub mit Informationen für Bergsteiger, Wanderer, Skitouristen und Gleitschirmflieger: www.geocities.com/Pipeline/9729/.

Information

Verkehrsvereine

Glarnerland Tourismus, 8750 Glarus.
Tel. (055) 610 21 25, Fax 055 610 28 26,
E-Mail: tourismus@glarusnet.ch,
Internet: www.glarusnet.ch/tourismus/.

Sedrun Disentis Tourismus, 7188 Sedrun.
Tel. (081) 920 40 30, Fax (081) 920 40 39,
E-Mail: info@sedrundisentis.ch,
Internet: www.sedrundisentis.ch.

Verkehrsverein Trun, 7166 Trun.
Tel./Fax (081) 943 31 49.

Bergsteigerschulen

Alpinschule Tödi
Fridolin Hauser, Ski- und Bergführer.
8722 Kaltbrunn. Tel. (055) 283 43 82,
Fax (055) 283 43 85,
E-Mail: info@bergschule.ch,
Internet: www.bergschule.ch.

Bergsteigerschule Glarus
Ernst Marti, Bergführer, 8767 Elm.
Tel. (055) 642 19 91, Fax (055) 640 86 85,
E-Mail: engg@active.ch,
Internet: www.engg.ch.

Erlebnis Berg
Thomas Pfenninger, Bergführer,
und Claudia Müller, 8777 Diesbach.
Tel. (055) 653 11 44, Fax (055) 653 11 43,
E-Mail: info@erlebnisberg.ch,
Internet: www.erlebnisberg.ch.

Glaralpin, Bergsteigerschule Glarnerland
Hans Rauner, Berg- und Skiführer,
Marcel Kraaz, Bergführer,
8762 Schwanden. Tel./Fax (055) 644 34 46.
E-Mail: master@glaralpin.ch,
Internet: www.glaralpin.ch.

Aventuras Alpinas Surselva
Leo Caminada, Bergführer, 7180 Disentis.
Tel. (081) 936 45 25, Fax (081) 936 45 26,
E-Mail: bergsport@surselva.ch.

Gleitschirmflugschule

Flugschule Michi Müller
Buchholz, 8750 Glarus.
Tel./Fax (055) 640 12 42,
Natel 079 693 00 29
E-Mail: michi@flugschule-michi.ch,
Internet: www.flugschule-michi.ch.

Literatur

Geschichte der Tödibesteigung

Betschart, Paul: Die wundersame Rettung aus dem Bifertengletscher. In: Neujahrsbote für das Glarner Hinterland 1973.
Bühler, Rudolf: Geschichte der touristischen Erschliessung des Tödimassivs und der Clariden- und Bifertenstockkette. Verlag Rud. Tschudy, Glarus 1937.
Gröbli, Walter: Tödifahrten. In: Jahrbuch des Schweizer Alpenclub 1884.
Heer, Gottfried: Zur Geschichte der Gemeinde Linthal. Die allmälige Erschliessung des Tödigebietes. Buchdruckerei «Neue Glarner Zeitung», Glarus 1915.
Hegetschweiler, Johannes: Reisen in den Gebirgsstock zwischen Glarus und Graubünden. Orell, Füssli und Co., Zürich 1825.
Hug, Oscar: Die Ostwand des Tödi. In: Jahrbuch des Schweizer Alpenclub 1920.
Keller, Ferdinand: Das Panorama von Zürich. Schilderung der in Zürichs Umgebung sichtbaren Gebirge, nebst Beschreibung der im Jahr 1837 ausgeführten Ersteigung des Tödiberges. Orell, Füssli und Co., Zürich 1839.
Lindt, Rudolf: Die Excursionen im Tödi-Gebiet während des Sommers 1865. In: Jahrbuch des Schweizer Alpenclub 1866.
Luchsinger, Werner: Der Tödi, ein Abriss seiner Besteigungsgeschichte. In: Die Alpen. Zeitschrift des Schweizer Alpen-Clubs, 1980.
Ludwig, Andreas: Höhen und Tiefen in den Alpen. Verlag der Fehr'schen Buchhandlung, St. Gallen 1908.
Maggi, Demetrio: Ein neuer Aufstieg zum Sandgipfel. In: Alpina. Mitteilungen des Schweizer Alpen-Club, 1904
Miescher, Guido: Tödi über den Nordgrat. In: Jahrbuch des Schweizer Alpenclub 1911
Mörgeli, Christoph: Dr. med. J. Hegetschweiler. Diss., Zürich 1986.
Müller, Iso: Pater Placidus Spescha. Desertina Verlag, Disentis 1974.
Pieth, Friedrich; Hager, Karl: Pater Placidus a Spescha. Sein Leben und seine Schriften, Verlag Benteli A. G., Bern 1913.
Schafflützel, Paul: Aus dem Tödigebiet. In: Die Alpen. Zeitschrift des Schweizer Alpen-Clubs, 1946.
Schmidt, Albert: Erste Winterbegehung der Tödi-Nordostwand. In: Die Alpen. Zeitschrift des Schweizer Alpen-Clubs, 1970.
Senger, Max: Wie die Schweizer Alpen erobert wurden. Büchergilde Gutenberg, Frankfurt a. M. 1945.
Simler, Rudolf Theodor: Der Tödi-Rusein und die Excursion nach Obersandalp. Haller'sche Buchdruckerei und Verlagshandlung, Bern 1863.
Simler, Rudolf Theodor: Generalbericht über die Excursionen im officiellen Gebiete während des Sommers 1863. In: Jahrbuch des Schweizer Alpenclub 1864.
Studer, Gottlieb: Über Eis und Schnee. Die höchsten Gipfel der Schweiz und die Geschichte ihrer Besteigung. Schmid, Francke & Co., Bern 1896.
Stüssi, Heinrich: Zuflucht Planurahütte. In: Neujahrsbote für das Glarner Hinterland 1969.
Stüssi, Heinrich: Die Grünhornhütte. In: Neujahrsbote für das Glarner Hinterland 1984.
Stüssi, Heinrich: Die Fridolinshütte. In: Neujahrsbote für das Glarner Hinterland 1985.
Stüssi, Heinrich: Hugo Wislicenus – dem ersten Bergopfer des Tödi zu Gedenken. In: Neujahrsbote für das Glarner Hinterland 1990.
Ulrich, Melchior: Die Ersteigung des Tödi. Bei Friedrich Schultheiss, Zürich 1859.

SAC und AACZ

Bühler, Rudolf: Geschichte der Sektion Tödi des SAC. Buch- und Kunstdruckerei Schwanden, Schwanden 1913.
Kaiser, Ruedi: 100 Jahre Akademischer Alpen-Club Zürich 1986–1996. Zürich 1996.
Remensberger, Peter u. a.: 100 Jahre SAC Winterthur. Winterthur 1978.
Schönbächler, Daniel u. a.: Berg Führer Surselva, 100 Jahre Sektion Piz Terri SAC. Ilanz 1998.

Künstler und Schriftsteller

Bosshard, Peter: Albert Bosshard. Kommissionsverlag W. Vogel, Winterthur 1981.
Brockmann-Jerosch, Marie; Heim, Arnold und Helene: Albert Heim, Leben und Forschung. Wepf & Co. Verlag, Basel 1952.
Kraus, Karl: Briefe an Sidonie Nádherný von Borutin 1913–1936, 2 Bde., Kösel-Verlag, München 1974.
von Matt, Beatrice: Meinrad Inglin, Eine Biographie. Atlantis Verlag, Zürich 1976.
Morgenthaler, Hans: Ihr Berge. Neu herausgegeben vom Verlag Akademischer Alpen-Club Zürich, 1996.
Morgenthaler, Hans: In der Stadt. Spaten-Verlag, Grenchen 1950.
Solar, Gustav; Hösli, Jost: Hans Conrad Escher von der Linth, Ansichten und Panoramen der Schweiz. Atlantis Verlag, Zürich 1974.

Geologie

Escher, Berend George: Über die prätriasische Faltung in den Westalpen mit besonderer Untersuchung des Carbons an der Nordseite des Tödi (Bifertengrätli). Amsterdam 1911.
Heim, Albert: Geologische Übersicht der Windgällen-Tödigruppe. In: Jahrbuch des Schweizer Alpenclub, 7. Jahrgang, 1871, S. 71.
Heim, Albert: Untersuchungen über den Mechanismus der Gebirgsbildung im Anschluss an die geologische Monographie der Tödi-Windgällengruppe. 2 Bde. und Atlas, Basel 1878.
Heim, Albert: Bergsturz und Menschenleben. Zürich 1932.
Labhart, Toni: Geologie der Schweiz. Ott, Thun 1998.
Oberholzer, Jacob: «Tödigruppe». In: Geographisches Lexikon der Schweiz, Bd. VI, 1910, S. 137–139.
Oberholzer, Jacob: Geologie der Glarneralpen. Textband und Atlas, Bern 1933.

Rothpletz, August: Die Steinkohlenformation und deren Flora an der Ostseite des Tödi (Abhandlungen der Schweiz. paläontolog. Gesellschaft, Bd. 6). Zürich 1880.
Staub, Rudolf: Der Bau der Glarneralpen. Glarus 1954.
Widmer, Hans: Zur Geologie der Tödigruppe. Zürich 1948.

Geologische Karten

Heim, Albert: Geologische Karte der Tödigruppe, 1 : 100 000. In: Mechanismus der Gebirgsbildung, Taf. I. Basel 1878.
Oberholzer, Jacob: Geologische Karte des Kantons Glarus, 1 : 50 000 (Spezialkarte Nr. 117 der Schweiz. Geolog. Kommission). Bern 1942.
Weber, Friedrich: Geologische Karte des Tödi-Vorderrheintalgebietes (Ostende des Aarmassivs und Wurzelregion der helvetischen Decken), 1 : 50 000 (Spezialkarte Nr. 100A der Schweiz. Geolog. Kommission), dazu Querprofile durch das Tödi-Vorderrheintalgebiet (Spezialkarte Nr. 100B). Bern 1922–1924.

Glarnerland

Baumgartner, Fridolin u. a.: Glarner Heimatbuch. Kantonale Lehrmittelkommission, Glarus 1992.
Brühlmann, Otto; Walcher, Fridolin: Glarus einfach. Paul Haupt Verlag, Bern 1994.
Davatz, Jürg: Glarner Heimatbuch, Geschichte. Kantonaler Lehrmittelverlag Glarus, 1980.

Surselva

Condrau, Gion u. a.: Disentis/Mustér, Geschichte und Gegenwart, Gemeinde Disentis 1996.
Donatsch, Peter u. a.: Graubündens Surselva, Olympia 1992.
Tomaschett, Paul: Surselva, Bündner Oberland. Bündner Buchvertrieb, 1987.
Vincenz, Gieri; Tomaschett, Paul: Nossa Patria Trun. Desertina Verlag, Disentis 1970.

Bildnachweis

Hansruedi Gallati, Mollis: S. 5, 12, 27 o, u, 29 o, u, 30, 32 u, 33, 34, 35 o, 47 l, 49 o, u, 53 o, u, 59, 60, 62, 65 or, u, 74, 75, 76, 92, 93 u, 96, 105 u, 106, 107, 108, 116, 122, 131 – Werner Luchsinger, Schwanden: S. 130 – Christoph Mörgeli, Stäfa: S. 14 – Heinz Morgenthaler, Neerach: S. 83, 84 – Michael Müller, Glarus: S. 85 – Steve Nann, Niederurnen: S. 113 u – Felix Ortlieb, Schwanden: S. 2, 4, 6–7, 8, 10–11, 17 o, ul, ur, 21 u, 26, 31, 37 o, m, u, 39, 40, 42–43, 48, 54–55, 56, 57 o, u, 58 o, 61, 63 o, 66, 67 o, u, 68–69, 73 o, 77 o, mr, 79 o, u, 80 o, 90–91, 94–95, 101, 112, 113 o, 115, 120–121, 125, 138, 139 r, 141, 143, 144, 145 o, u, 146–147, 149 o, u, 150–151, 153 o, u – Albert Schmidt, Engi: S. 129, 133 o, u, 134, 135 – Heinrich Stüssi, Linthal: S. 72 o – Bryan Cyril Thurston, Uerikon: S. 70, 98–99, 105 o – Familie Zimmermann, Schwändi: S. 126, 127, 137, 139 l – Hanspeter Zopfi-Zentner, Engi: S. 128 o, u – Johann Zweifel, Zürich: S. 65 l.

Schweiz. Alpines Museum, Bern: S. 46 – Rätisches Museum, Chur: S. 23 – Klostermuseum Disentis: S. 22 u – Archiv SAC Sektion Tödi, Glarus: S. 21 o, 35 u, 63 ml, mr, ul, ur – Landesarchiv Glarus: S. 16 – Foto Schönwetter, Glarus: S. 114 – Kunstmuseum St. Gallen: S. 104 – Kantonsbibliothek Schwyz: S. 81 – Hotel Tödi, Tierfehd: S. 72 u – Graphische Sammlung ETH Zürich: S. 41, 102–103 – Graphische Sammlung Zentralbibliothek Zürich: S. 32 o, 100.

Bosshard, Albert Bosshard 1870–1948: S. 117 l, r, 118–119 – Brockmann-Jerosch/Heim, Albert Heim: S. 109 – Bühler, Geschichte der Sektion Tödi des SAC: S. 47 r, 52 u, 58 u – Condrau, Disentis/Mustér: S. 36 – Festschrift Sektion Uto des SAC: S. 52 o – Glarner Zeitung, 8. 8. 1906: S. 80 u – Hegetschweiler Reisen in den Gebirgsstock…: S. 18–19 – Jahrbuch SAC 1864: S. 24–25, 51 – Jahrbuch SAC 1868: S. 22 – Jahrbuch SAC 1871: S. 110–111 – Jahrbuch SAC 1945: S. 124 – Kraus, Briefe an Sidonie Nádherný: S. 89, 93 o – Morgenthaler, Ihr Berge: S. 87, 88 – Neujahrsbote für das Glarner Hinterland 1990: S. 73 u – Neujahrsbote für das Glarner Hinterland 1984: S. 77 ml, u – Schwyzer Zeitung, 11. 8. 1906: S. 82 – Simler, Der Tödi-Rusein…: S. 15, 44, 50 o, u.